KB232776

교회 시작부터 천국까지 1

교회 시작부터 천국까지 1
구원의 출발, 구원의 교리

한상휘

2판 1쇄 / 2009. 10. 20

펴낸이 / 최헌근
펴낸곳 / 말씀과만남
등록번호 / 제20-444호
등록일자 / 1991. 6. 19

138-220 서울특별시 송파구 잠실동 339-3
전화 / 070-7531-6321 팩스 (031)594-6328
전자우편 / mmpress@hanmail.net

ISBN 978-89-7508-232-0
        978-89-7508-230-6 (세트)

정가 : 5,000원

잘못된 책은 바꾸어 드립니다.

교회 시작부터 천국까지

1

한 상 휘 지음

구원의 출발, 구원의 교리

말씀과만남

추천사

영국의 신학자 바클레이는 말하기를 "목사는 요리사와 같다."고 말했습니다. 요리사는 감자 한가지의 재료만 가지고도 여러 모양의 음식으로 요리하여 사람들로 하여금 맛있게 먹게 합니다. 감자 한가지만으로도 24가지 음식을 만든다고 합니다. 목사도 이와 같이 하나님의 말씀인 성경을 여러 모양으로 요리하여 성도들이 맛있게 먹고 영의 양식으로 받으며 하나님이 기르시는 양떼들로서 생명을 누리게 합니다. 이 일은 양념을 넣어 맛있는 진국을 만들 듯이 이해하기 쉽고 감동적이며 또 하나님의 뜻을 잘 알아듣고 지키고 행하게 하여 하나님이 주시는 은혜와 복을 누리게 하는 일입니다. 이 요리는 매주일 찾아오는 새 가족들을 비롯하여 일반 성도들을 훌륭한 하나님의 자녀로 훈련시키고자 하는 목자의 충정에서 만든 역작이 바로 여기 추천하는 〈교회 시작부터 천국까지〉 시리즈입니다.

이 교재의 저자 한상휘 목사님은 모든 동역자들로부터 그 진실함을 인정받은 선한 목자입니다. 그는 장로회신학대학원과 미국 맥코믹신학대학원에서 목회학 박사학위를 취득하셨으며 목회사역 중에도 부지런히 성서연구에 몰두하는 성서학자이시고 또한 수년 전 40일 금식기도를 통해 깊은 영계를 체험하신 신령한 목사님이십니다. 이 교재는 비단 새가족 뿐만 아니라 기성 성도들과 중고등부 학생 청년들에게도 구원의 확신을 줄 수 있는 필독서라고 생각합니다.

교회에 입문하는 새 가족들과 일반성도들에게 〈교회 시작부터 천국까지〉는 구원의 확신을 심어주고 신앙생활의 기쁨과 감격을 누리게 해줄 것입니다. 또한 이 교재는 새 가족을 가르치는 지도자들에게도 가뭄의 단비를 만난 듯이 쉽게 가르치도록 구성되어 있습니다. 그리고 〈교회 시작부터 천국까지〉는 단순히 머리로 저술한 구원의 교리가 아니라 성령의 감동으로 엮어진 생명의 글입니다.

전국의 교역자 여러분들이 〈교회 시작부터 천국까지〉를 이용해 사랑하는 양떼를 구원과 영생의 문으로 인도하시기를 바라면서 자신 있게 추천하는 바입니다.

명성교회 당회장
대한예수교장로회총회 총회장

김삼환 목사

추천사

주님께서 당신의 양을 목자에게 맡기시면서 "내 양을 먹이라." "내 양을 치라." 하셨습니다.

우리 목자들이 이 말씀을 늘 마음에 새기면서 목회에 임하는 것은 너무나 당연한 일입니다. 생명체인 주님의 양들을 맡았으므로 한 생명, 한 생명을 소중하게 먹이며 길러야 함은 물론입니다. 주신 아들, 딸처럼 잘 육성하는 일에 해당되기도 합니다. 그러므로 튼튼하게 키워야 합니다.

한상휘 목사님은 그 어려운 때에 우리 노회 산하 신성교회를 담임하시고 교회를 이전하여 건축하는 일 등 다사한 목회사역을 진행하시는 큰 성과를 이루셨습니다. 또한 학업에도 정진하셔서 맥코믹에서 목회학 박사학위(D. Min.)도 받으셨습니다.

그 동안 다양한 사역을 하시면서도 본 〈교회 시작부터 천국까지〉 시리즈를 펴내시게 됨은 크게 찬하할 일일 뿐만 아니라, 그 내용이 성경적이기 때문에 하나님의 말씀으로 성도들을 양육하려는 그 간절한 심정으로 자신의 교회뿐만 아니라 동역하는 동역자들에게도 크게 공헌하게 됨을 또한 축하드립니다. 성경으로 일관하심이 너무나 귀하고, 또한 주신 말씀을 적소에 배치하여 구원관과 교회관, 그리고 교리 면에서 일일이 짜임새 있게 조직적으로 나열해 이를 시리즈로 묶어 놓으신 것이 목회자들에게는 얼마나 보배로운지 모릅니다.

어떤 교육학적 이론도 아니고 철학적 논리도 아닌, 하나님의 말씀 그대로를 새가족들과 성도들에게 먹이며 가르치고 기르는 것이 이 책의 내용입니다. 어느 학자의 논리가 아니요, 어느 교육가의 교육법이 아니라 하나님께서 주신 말씀을 찾아내어 질서 있게 단계적으로 열거하였으므로 우리 동역자들에게 크게 쓰임 받게 될 것입니다.

양 무리를 성경으로 먹이고 기르는 일은 우리 목자들에게 맡겨 주신 일입니다. 성도들을 먹이고 기르는 일에 좋은 지침서가 될 것에 의심의 여지가 없습니다. 종의 노고(勞苦)를 극구 치하하면서 이 책을 추천합니다.

영등포교회 원로목사
대한예수교장로회(통합) 증경 총회장
방 지 일 목사

머리말

　예수님께서 지상의 구속사업을 이루시고 승천하신 후 제자들에 의해 초대교회가 시작되었습니다. 그 후 지금까지 지구상에는 250만개의 교회가 세워졌습니다. 200년 전 영국에 세계 제일의 대형 교회가 있었고, 미국 교회는 100년 전에 세계 제일의 대형 교회가 있었습니다. 오늘 한국 교회는 114년 역사 속에 5만여 교회와 1,300만 성도가 되었고 세계 제일의 대형 교회 다섯 개가 한국에 있습니다. 교회마다 성도들마다 큰 자부심을 가질 만하며, 교회 성장의 복을 하나님께 받았습니다.

　그런데 1990년을 지나면서 한국 교회의 성장이 둔화되고, 교회 내에 동맥경화 증세가 일어나고 있습니다. 이유는 두 가지인데 하나는 예수 믿는 성도들의 게으름 때문이요, 또 하나는 새가족에 대한 무관심 때문입니다. 〈교회 시작부터 천국까지〉는 이 두 가지 질병을 치료하고 변화하는 교회가 되게 하여 활성화되는 교회, 성장이 가속화되는 교회, 전문화되는 교회가 되도록 힘을 주고자 합니다.

　교회가 성장하고 부흥하는 것은 하나님의 뜻입니다. 새가족 한 생명이 교회에 등록해 하나님의 백성이 되었는데 기존 성도들이 반갑게 맞이하지 못하면 소외감을 느끼게 됩니다. 새가족이 등록하자마자 기존 성도들과 유기적 관계를 이루고, 각 부서 속에 들어가 그리스도인의 공동체에 속하는 것이 마땅합니다. 그런데 기득권층의 집단이기주의와 무관심으로 새가족들은 정착점을 잃어버리고 그 교회를 떠날 수밖에 없는 것이 현재 각 교회에서 일어나고 있는 현상입니다.

새가족을 친형제처럼 사랑하여 마치 오래 전부터 다녔던 교회처럼 정이 가게 만들어야 하고, 누구나와 접촉해 대화를 나눌 수 있으며, 자기 집과 같은 교회가 되도록 해야 합니다. 새가족을 조직적이고, 체계적이고, 전문적으로 관리하여, 반드시 본 교회에 정착하도록 해야 합니다. 그래서 믿음이 성장하고 큰 일꾼이 되기까지 새가족을 잘 양육하기 위하여 본 교재를 지도자 교육 교재와 새가족 교육 교재로 나누어 저술하였습니다.

1권은 구원의 출발로서 자녀로 선택, 회개, 중생, 성경, 그리고 구원의 교리로서 삼위일체, 구원의 길, 구원의 안내자, 구원의 순서, 2권은 구원의 생활로서 주일, 예배, 기도, 찬송, 헌금, 헌신, 전도, 3권은 구원의 직분으로서 교회, 직분, 기관, 성례전, 성령의 열매, 영적 지도자, 4권 구원과 천국으로 가정, 돈, 주초, 심방, 효도 제사, 이단, 부활, 재림, 천국과 지옥에 대한 내용으로 구성되어 있습니다.

이 책이 새가족들에게는 분명한 안내서가 될 것이며, 또한 기존 성
도들에게는 신앙생활의 확실한 길을 안내해 줄 것이라고 믿습니다.

이 책이 나오기까지 배후에서 기도해 주시다가 소천(召天)하신 저
의 모친 김순남 권사님과 저의 아내와 자녀들, 신성교회 당회원과 교
우들, 정덕기 부목사님과 정진선 전도사님, 그 외에도 물심양면으로
도와주신 분들에게 깊은 감사를 드립니다.

기독교의 진리를 확실히 알고자 하는 새가족과 이 책을 읽는 성도들
은 새 힘을 얻고, 교회들은 크게 활성화되기를 바라며 하나님께 영광
을 돌립니다.

구로동 목양실에서

한 상 휘

이 책에서 유의할 사항

본 교재 〈교회 시작부터 천국까지〉 시리즈를 만족스럽게 공부하려면 다음 몇 가지의 유의 사항을 잘 지켜야 합니다.

1. 지도자를 사랑하고 신뢰하며 열심히 기도해야 합니다.
2. 새가족 성경공부 중에 결석하거나 중도에 하차하지 않도록 힘써 노력해야 합니다.
3. 반드시 예습을 해야 합니다.
4. 매주 가정에서 숙제를 철저히 하는 습관을 길러야 합니다.
5. 〈교회 시작부터 천국까지〉는 52 과를 1년 52주 동안 한 주에 1과씩 공부하도록 구성되었습니다.
6. 〈교회 시작부터 천국까지〉는 좌측 뇌인 머리만 움직이지 말고, 우측 뇌인 가슴으로 받아들이는 말씀이 되어져야 합니다.
7. 이 교재는 새가족용과 새가족 지도자용으로 사용할 뿐만 아니라 중고등부와 청년부 그리고 교사 교육, 제직 교육, 구역공과 교재로도 활용할 수 있습니다.

차 례

1부 구원의 출발
(The beginning of salvation)

1. 구원받은 하나님의 자녀로 선택
(The selection as saved children of God) / **16**
성경 : 고전 1:26~29, 요 15:16　찬송 : 250장, 283장

2. 구원받은 신앙 선진들의 선택
(The selection of saved the faithful elders) / **24**
성경 : 창 12 : 1~9　찬송 : 249장, 519장

3. 구원받은 성도의 삶과 죄
(The life and sins of saved saints) / **30**
성경 : 롬 3 : 9~18　찬송 : 421장, 423장

2부 구원의 교리

(The doctrine of salvation)

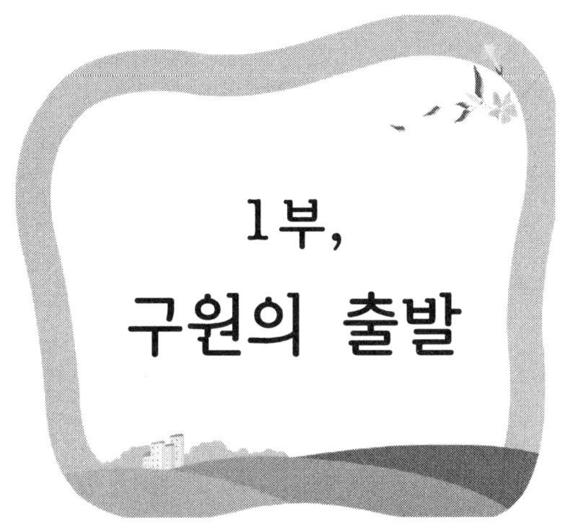

The beginning of salvation

1 구원받은 하나님의 자녀로 선택

(The selection as saved children of God)

성경 : 고전 1:26~29, 요 15:16
찬송 : 250장, 283장

우리는 태어날 때에 부모를 선택(選擇)한 일이 없으며, 자신이 한국 사람이 되겠다고 선택하지도 않았고, 얼굴 모습이나 피부 색깔도 선택한 일이 없습니다.

하나님께서 우리를 선택하셔서 이곳에, 이 모습으로 보내셨습니다. 우리는 하나님의 경륜(經綸) 속에 살고 있으며 하나님께서 오늘까지 우리를 지켜 주셨고 내일도 미래까지도 지켜 주실 것입니다. 사도 바울은 일찍이 하나님께서 자기를 선택해 주신 사실을 확신했습니다.

> 너희 속에 착한 일을 시작하신 이가 그리스도 예수의 날까지 이루실 줄을 우리가 확신하노라 (빌 1:6).

하나님께서 우리에게 주신 비전을 실현(實現)해 보려고 할 때 인간의 힘으로는 안 될 것만 같을 때가 많이 있습니다. 그러나 구원받은 하나님의 자녀로 선택받았다는 자부심과 믿음을 가지고 하나님의 능력을 끝까지 신뢰할 때에 기적이 일어나고 하나님의 복(福)된 역사가 이루어지게 됩니다.

사람들은 누구나 선택받기를 좋아합니다. 자기가 가지고 있는 재능이나 지식과 능력이 남의 눈에 띄어서 뽑히기를 항상 바라고 있습니다. 생존 경쟁이 극심한 현실에서는 더욱 선택에 대한 열망이 높아지고 있는 것이 사실입니다.

세상에서는 지혜로운 자, 강한 자, 부한 자, 존귀한 자가 언제나 선택되게 마련입니다. 그러나 하나님의 선택은 세상과 정반대입니다. 오늘 본문에 보면 미련한 자, 약한 자, 천한 자, 멸시받고 가난한 자를 선택하셔서 가장 귀한 특권을 주시고 세상에서 뽐내는 자들을 오히려 부끄럽게 만든다는 사실을 알 수 있습니다.

1. 누가 언제 우리를 선택하셨습니까?

(1) 창조주(創造主) 하나님께서 우리를 선택하셨습니다.

> 레위 자손 제사장들도 그리로 올지니 그들은 네 하나님 여호와께서 택하사 자기를 섬기게 하시며 또 여호와의 이름으로 축복하게 하신 자라 모든 소송과 모든 투쟁이 그들의 말대로 판결될 것이니라 (신 21:5).

하나님께서 천에 하나 만에 하나 골라서 바로 여러분을 선택하셨습니다. 그리하여 우리가 하나님을 섬기도록 하시며, 그의 이름으로 모든 복을 받도록 특권을 주셨습니다.

(2) 모태(母胎)에서부터 우리를 선택하셨습니다.

> 그러나 내 어머니의 태로부터 나를 택정하시고 은혜로 나를 부르신 이가 (갈 1:15).

우리가 이 세상에 태어나기 전 어머니의 태중(胎中)에 있을 때 이미 하나님께서 우리를 선택하셨습니다. 우리를 선택하신 것은 우리가 잘나서가 아니라 절대적인 하나님의 은혜로 되어진 것을 믿어야 합니다.

> 내가 너를 복중에 짓기 전에 너를 알았고 네가 태에서 나오기 전에 너를 구별하였고 너를 열방의 선지자로 세웠노라 하시기로 (렘 1:5).

2. 선택하신 장소와 이유가 무엇입니까?

(1) 선택하신 장소

1) 악(惡)한 세대에서 선택받았습니다.

그리스도께서 하나님 곧 우리 아버지의 뜻을 따라 이 악한 세대에서 우리를 건지시려고 우리 죄를 위하여 자기 몸을 드리셨으니 (갈 1:4).

우리가 발을 딛고 살아가는 이곳은 악한 세상입니다. 세상의 악한 물결에 휩쓸려 멸망할 수밖에 없는 우리를 건지시려고 선택하사 주의 이름으로 구원을 얻게 하신 것입니다.

2) 흑암(黑暗)의 권세에서 선택받았습니다.

그가 우리를 흑암의 권세에서 건져내사 그의 사랑의 아들의 나라로 옮기셨으니 그 아들 안에서 우리가 구속 곧 죄 사함을 얻었도다 (골 1:13~14).

하나님 아버지는 악한 마귀와 죄악과 질병과 환난과 가난이 지배하는 캄캄한 이 세상에서 여러분을 건져내어 주님의 사랑의 세계로 옮겨 주셨습니다. 흑암의 권세에 짓눌리고 물들어 세상의 어떤 것으로도 씻을 수 없는 우리의 죄악은 예수님의 보혈로 깨끗하게 씻음 받았습니다. 그래서 우리는 하나님의 아들과 딸이 되는 특권을 얻게 되었습니다.

3) 사망(死亡)의 자리에서 선택받았습니다.

> 동틀 때에 천사가 롯을 재촉하여 가로되 일어나 여기 있는 네 아내와 두 딸을 이끌라 이 성의 죄악 중에 함께 멸망할까 하노라 (창 19:15).

소돔과 고모라 성의 죄악은 마침내 유황불 비로 하루아침에 멸망당할 위기를 몰고 왔습니다. 아침이 되면 성이 다 망하는데 그 중에서 롯과 그 두 딸에게는 천사를 보내어 구출해 주셨습니다. 하나님 아버지는 선택의 손길을 내밀어 사망의 자리에서라도 선택받은 자를 찾아 건져 주십니다.

(2) 선택하신 이유

1) 하나님의 자녀로 삼기 위해 선택하셨습니다.

> 성령이 친히 우리 영으로 더불어 우리가 하나님의 자녀인 것을 증거하시나니 (롬 8:16).

하나님 아버지는 당신의 아들과 딸로 삼기 위해서 우리를 선택하셨습니다. 그러므로 우리는 하나님 아버지의 자녀입니다. 성도에게는 아버지가 두 분 계시는데 한 분은 나를 낳으신 육신의 아버지이시고, 또 한 분은, 예수를 믿음으로 나를 거듭나게 하신 영의 아버지이십니다. 이 영의 아버지가 바로 하나님 아버지이십니다. 그러므로 기도할 때 하나님 아버지라 부르며 기도해야 합니다.

2) 하나님의 기업의 백성으로 선택하셨습니다.

이를 인하여 그는 새 언약의 중보니 이는 첫 언약 때에 범한 죄를 속하려고 죽으사 부르심을 입은 자로 하여금 영원한 기업의 약속을 얻게 하려 하심이니라 (히 9:15).

기업(基業)이란 상속(相續)이란 말과 같습니다. 부모는 자녀를 낳으면 기르고 먹이고 입히고 가르치고 결혼시켜야 할 의무가 있습니다. 자녀는 이 모든 것을 부모로부터 받을 권리가 있습니다. 그렇기 때문에 하나님 아버지는 우리를 자녀로 선택하셔서 거룩하고 복된 하늘의 것을 영원한 상속으로 주려고 하십니다.

3) 하나님의 제사장(祭司長)으로 선택하셨습니다.

오직 너희는 택하신 족속이요 왕 같은 제사장들이요 거룩한 나라요 그의 소유된 백성이니 이는 너희를 어두운 데서 불러내어 그의 기이한 빛에 들어가게 하신 자의 아름다운 덕을 선전하게 하려 하심이라 (벧전 2:9).

죄의 값은 사망입니다. 사람은 죄를 지으면 반드시 죽을 수밖에 없는데 그의 죄를 대신해 송아지, 양, 비둘기 등 죄 없는 생명이 사람의 죄를 대신 지고 피 흘려 죽게 됩니다. 이 제사 드리는 일은 제사장이 하는 일입니다. 우리를 선택하사 제사장으로 삼으신 것은 예수님이 우리 죄를 위해 속죄의 제물로 죽으셨기 때문에 예수를 구주로 믿고 구속함을 받은 자는 언제나 그 구속의 은총에 감사해서 몸도 마음도 생명도 완전히 하나님께 바치며 살아가야 한다는 것입니다.

3. 선택하신 목적은 무엇입니까?

(1) 영광 받으실 목적으로 선택하셨습니다.

> 값으로 산 것이 되었으니 그런즉 너희 몸으로 하나님께 영광을 돌리라 (고전 6:20).

하나님 아버지께서 우리를 선택하신 목적은 나 때문에 하나님 아버지께서 영광을 받으시기를 원하신다는 사실입니다. 우리의 믿음과 기도와 충성과 축복을 통해서 예수 그리스도의 이름이 높아져가고 향기가 퍼져 나가 그 모든 기쁨과 영광이 하나님 아버지께로 돌려지는 것을 목적으로 선택하셨습니다.

> 그런즉 너희가 먹든지 마시든지 무엇을 하든지 다 하나님의 영광을 위하여 하라 (고전 10:31).

(2) 복음 증거(證據)를 목적으로 선택하셨습니다.

> 또 가라사대 너희는 온 천하에 다니며 만민에게 복음을 전파하라 (막 16:15).

  하나님 아버지는 나로 인해 복음이 널리 증거 되기를 원하십니다. 그리하여 버려진 수많은 영혼이 복음을 듣고 주 앞에 나아와 새사람으로 변화되고 믿음의 아들, 딸들이 기하급수적(幾何級數的)으로 불어나기를 원하십니다.

2 구원받은 신앙 선진들의 선택

(The selection of saved the faithful elders)

성경 : 창 12:1~9
찬송 : 249장, 519장

하나님께서는 신앙의 선진들을 복(福)주실 목적으로 선택하셨습니다.

> 내가 너희에게 나갈 때에 그리스도의 충만한 축복을 가지고 갈 줄을
> 아노라 (롬 15:29).

하나님 아버지께서 우리를 선택하신 목적은 복을 주시려는 하나님의 섭리(攝理)와 사랑입니다. 아버지가 자녀에게 가진 것을 모두 물려주기를 원하듯이 하나님 아버지도 그 선택하신 자녀들에게 가장 값있고 영원히 변치 않는 복을 쏟아 부어 주기를 원하고 계십니다.

1. 선택받은 사람들은 누구입니까?

(1) 아브라함을 선택하셨습니다.

주는 하나님 여호와시라 옛적에 아브람을 택하시고 갈대아 우르에서 인도하여 내시고 아브라함이라는 이름을 주시고 (느 9:7).

1) 우상(偶像)의 가문에서 선택받은 아브라함

여호와께서 아브람에게 이르시되 너는 너의 본토 친척 아비 집을 떠나 내가 네게 지시할 땅으로 가라 (창 12:1).

조상 대대로 우상을 섬기며 우상 숭배로 찌든 가정에서 하나님 아버지는 아브라함을 선택하사 믿음과 축복의 조상으로 삼기 위해 정든 고향 친척 부모의 집을 떠나라고 명령하셨습니다.

2) 포기와 순종의 삶을 산 아브라함

여호와께서 가라사대 네 아들 네 사랑하는 독자 이삭을 데리고 모리아 땅으로 가서 내가 네게 지시하는 한 거기서 그를 번제로 드리라 (창 22:2).

아브라함은 고향을 포기하고 떠나라는 하나님의 명령에 순종했으며, 나중에 그의 첩 하갈과 아들 이스마엘을 쫓아내라는 명령에 순종했고, 외아들 독자 이삭의 생명을 바치라는 명령에도 말없이 순종해 믿음과 축복의 조상이 되었습니다. 여러분! 헛된 우상을 섬기는 가정, 그런 습관, 그런 사상, 행동에서 속히 떠나시기를 바랍니다.

(2) 야곱을 선택하셨습니다.

여호와의 분깃은 자기 백성이라 야곱은 그 택하신 기업이로다 (신 32:9).

야곱은 형의 발목을 붙잡고 태어나면서부터 어머니와 형 에서에게 고통을 준 문제의 인물이었으나 선민의 조상이 되는 표본으로 삼으셨습니다.

1) 장자(長子)의 명분을 귀하게 여긴 야곱

야곱이 떡과 팥죽을 에서에게 주매 에서가 먹으며 마시고 일어나서 갔으니 에서가 장자의 명분을 경홀히 여김이었더라 (창 25:34).

2) 별미(別味)를 아버지 이삭에게 바친 야곱

그가 가서 취하여 어미에게로 가져왔더니 그 어미가 그 아비의 즐기는 별미를 만들었더라 (창 27:14).

(3) 요셉을 선택하셨습니다.

1) 꿈의 사람 요셉

요셉이 꿈을 꾸고 자기 형들에게 고하매 그들이 그를 더욱 미워하였더라 (창 37:5).

2) 성공의 표본이 된 요셉

바로가 또 요셉에게 이르되 내가 너로 애굽 온 땅을 총리하게 하노라 하고 (창 41:41).

3) 변하지 않는 신앙의 사람 요셉

이 집에는 나보다 큰 이가 없으며 주인이 아무것도 내게 금하지 아니하였어도 금한 것은 당신뿐이니 당신은 자기 아내임이라 그런즉 내가 어찌 이 큰 악을 행하여 하나님께 득죄하리이까 (창 39:9).

(4) 모세를 선택하셨습니다.

1) 물에서 건짐 받은 모세

그 아이가 자라매 바로의 딸에게로 데려가니 그의 아들이 되니라 그가 그 이름을 모세라 하여 가로되 이는 내가 그를 물에서 건져 내었음이라 하였더라 (출 2:10).

2) 지도자의 모범이 된 모세

너는 그에게 말하고 그 입에 말을 주라 내가 네 입과 그의 입에 함께 있어서 너의 행할 일을 가르치리라 (출 4:15).

3) 포기와 순종의 사람 모세

도리어 하나님의 백성과 함께 고난받기를 잠시 죄악의 낙을 누리는 것보다 더 좋아하고 (히 11:25).

(5) 다윗을 선택하셨습니다.

폐하시고 다윗을 왕으로 세우시고 증거하여 가라사대 내가 이새의 아들 다윗을 만나니 내 마음에 합한 사람이라 내 뜻을 다 이루게 하리라 하시더니 (행 13:22).

(6) 바울을 선택하셨습니다.

주께서 가라사대 가라 이 사람은 내 이름을 이방인과 임금들과 이스라엘 자손들 앞에 전하기 위하여 택한 나의 그릇이라 (행 9:15).

(7) 열두 제자를 선택하셨습니다.

밝으매 그 제자들을 부르사 그 중에서 열둘을 택하여 사도라 칭하셨으니 (눅 6:13).

하나님은 제자들에게 지식도 재산도 배경도 없지만 선택하셨습니다. 구원받은 하나님의 자녀로 선택받은 여러분! 선택받은 일은 천하를 갖고도 살 수 없을 만큼 귀한 일입니다. 우리는 연약하고 가난하고 비천하기 때문에 하나님 아버지의 권능과 택하심이 필요합니다. 어떠한 역경과 환난이 와도 낙심하지 말고 선택받은 기쁨 속에서 승리하며 복 받는 여러분이 되시기를 바랍니다.

3 구원받은 성도의 삶과 죄

(The life and sins of saved saints)

성경 : 롬 3:9~18
찬송 : 421장, 423장

오늘의 현대인들은 물질적 여유를 즐기면서 문화적으로 발달한
환경 속에 살고 있음에도 불구하고 내면적인 가책을 느끼고 공허
와 불안 속에서 초조한 생활을 하고 있으며 도덕적으로 죄를 범한

사실이 없음에도 불구하고 불안 해 합니다. 기독교의 교훈에 의하면 모든 비극적인 환경의 원인은 바로 죄이며, 이 죄는 죽음과 질병과 고통을 가져왔습니다.

죄는 우리의 처음 조상 아담과 하와가 사탄의 시험과 유혹을 받아 하나님이 금하신 실과를 먹음으로 시작되었고, 이 죄로 말미암아 하나님과 인간의 교제는 끊어지고 인류는 타락하게 되었습니다.

죄의 결과로 죽음이 시작되었고 영혼과 육체는 완전히 더럽혀졌습니다. 우리의 처음 조상 아담과 하와는 인류의 시조였으므로 이 죄와 허물은 우리에게 전가되었으며, 같은 죽음과 부패한 성질이 세상에 태어나는 모든 사람에게 유전되었습니다.

1. 구원받은 성도의 삶과 죄는 무엇입니까?

(1) 죄란 무엇입니까?

> 죄를 짓는 자마다 불법을 행하나니 죄는 불법이라 (요일 3:4).

> 모든 불의가 죄로되 사망에 이르지 아니하는 죄도 있도다 (요일 5:17).

죄는 불법이요, 불의입니다. 불법이란 국가에서 정한 법을 어기거나 교회에서 만든 법규를 어기는 것이며, 불의란 국법이나 교회 법규에는 걸리지 않으나 사실상 범죄 행위요, 법망을 피해 사리사

욕을 채우는 것을 말합니다.

이러므로 사람이 선을 행할 줄 알고도 행치 아니하면 죄니라 (약 4:17).

선을 알고도 행하지 않으며, 남을 돕는 것이 선인 줄 알면서도 돕지 않으면 죄입니다. 요리문답에 "죄는 하나님의 법을 순종함에 부족한 것이나 혹 어기는 것이라."라고 했는데 하나님의 법을 백 번 순종했어도 한 번 불순종하면 죄가 됩니다.

(2) 죄의 성질은 무엇입니까?

1) 죄의 고착성(固着性)

너희가 만일 그같이 아니하면 여호와께 범죄함이니 너희 죄가 정녕 너희를 찾아낼 줄 알라 (민 32:23).

죄는 달라붙는 성질이 있어서 우리가 어디를 가든지 따라다닙니다.

2) 죄의 발육성(發育性)

욕심이 잉태한즉 죄를 낳고 죄가 장성한즉 사망을 낳느니라 (약 1:15).

바늘도둑이 소도둑이 됩니다.

3) 죄의 공포성(恐怖性)

가로되 내가 동산에서 하나님의 소리를 듣고 내가 벗었으므로 두려워
하여 숨었나이다 (창 3:10).

죄 가운데 있으면 양심이 괴롭고 공포와 두려움이 계속됩니다.

4) 죄의 방해성(妨害性)

너희 허물이 이러한 일들을 물리쳤고 너희 죄가 너희에게 오는 좋은
것을 막았느니라 (렘 5:25).

죄는 기도를 방해하고 사명 수행을 방해하고 축복을 방해합니다.

5) 죄의 파멸성(破滅性)

죄의 삯은 사망이요 하나님의 은사는 그리스도 예수 우리 주 안에 있
는 영생이니라 (롬 6:23).

죄는 행복과 진리와 윤리, 기쁨, 건강, 인격을 파괴합니다.

(3) 죄에는 어떠한 것들이 있습니까?

1) 다른 신을 섬기는 것이 죄입니다.

너는 나 외에는 다른 신들을 네게 있게 말지니라 (출 20:3).

하나님 외에 세상의 다른 신을 섬기는 것은 모두 죄가 됩니다.

2) 살인, 간음, 도적질, 거짓 증거, 탐내는 것이 죄입니다 (출 20:13~17).

하나님의 계명을 지키지 않는 것이 모두 죄가 됩니다.

3) 여러 가지 죄는 무엇을 말합니까?

곧 모든 불의, 추악, 탐욕, 악의가 가득한 자요 시기, 살인, 분쟁, 사기, 악독이 가득한 자요 수군수군하는 자요 비방하는 자요 하나님의 미워하시는 자요 능욕하는 자요 교만한 자요 자랑하는 자요 악을 도모하는 자요 부모를 거역하는 자요 우매한 자요 배약하는 자요 무정한 자요 무자비한 자라 (롬 1:29~31).

죄에는 불법, 거짓말, 분쟁, 시기, 살인, 탐욕, 교만, 술취함 등이 있습니다. 죄는 반드시 드러나며 하나님께서는 사람들의 은밀한 죄까지 반드시 드러나게 하십니다.

(4) 원죄(原罪)와 자범죄(自犯罪)는 무엇입니까?

1) 원죄란 무엇입니까?

이는 죄가 사망 안에서 왕 노릇 한 것같이 은혜도 또한 의로 말미암아 왕 노릇 하여 우리 주 예수 그리스도로 말미암아 영생에 이르게 하려 함이니라 (롬 5:21).

아담의 타락 후 모든 사람이 죄의 신분과 죄인의 상태에서 태어나게 되었는데 이를 원죄라고 합니다.

2) 자범죄란 무엇입니까?

허물로 죽은 우리를 그리스도와 함께 살리셨고 (너희가 은혜로 구원을 얻은 것이라) (엡 2:5).

자범죄란 인간 스스로 행하는 행위 가운데 저지르는 죄를 가리킵니다.

(5) 죄에 대한 벌칙은 무엇입니까?

죄의 삯은 사망이요 하나님의 은사는 그리스도 예수 우리 주 안에 있는 영생이니라 (롬 6:23).

죄를 범한 아론의 두 아들은 즉시 벌을 받아 죽었습니다. 아버지의 죄는 자손에게 미칩니다. 죄는 육체의 고통과 이 세상의 멸망까지 자초하게 됩니다 (레 10:1~2).

4 구원받은 성도의 삶과 회개

(The life and repentance of saved saints)

성경 : 눅 15:11~24
찬송 : 275장, 280장

구원받은 성도의 삶과 죄에서 회개란 무엇입니까?

기독교 교리 중에 회개의 교리가 가장 중요한 이유는 회개의 관문(關門)을 통과해야 구원을 받기 때문입니다.

이때부터 예수께서 비로소 전파하여 가라사대 회개하라 천국이 가까
웠느니라 하시더라 (마 4:17).

회개하면 죽음과 불행은 물러가고 생명과 행복이 찾아옵니다.

(1) 회개란 곧 마음의 변화와 방향의 전환입니다.

이에 스스로 돌이켜 가로되 내 아버지에게는 양식이 풍족한 품꾼이 얼
마나 많은고 나는 여기서 주려 죽는구나 내가 일어나 아버지께 가서
이르기를 아버지여 내가 하늘과 아버지께 죄를 얻었사오니 (눅
15:17~18).

둘째아들 탕자는 마음을 돌이켜 새로운 결의를 하고 아버지께로
돌아갔습니다. 이것이 회개입니다.

1) 회개는 죄에 대한 깊은 뉘우침입니다.

내 죄악을 고하고 내 죄를 슬퍼함이니이다 (시 38:18).

다윗은 죄악을 슬퍼하여 뉘우쳤습니다.

세리는 멀리 서서 감히 눈을 들어 하늘을 우러러 보지도 못하고 다만
가슴을 치며 가로되 하나님이여 불쌍히 여기옵소서 나는 죄인이로소
이다 하였느니라 (눅 18:13).

세리는 "나는 죄인이로소이다."하고 회개를 했습니다.

2) 회개는 하나님에 대한 죄의 고백과 사람에 대한 죄의 고백입니다.

삭개오가 서서 주께 여짜오되 주여 보시옵소서 내 소유의 절반을 가난한 자들에게 주겠사오며 만일 뉘 것을 토색한 일이 있으면 사 배나 갚겠나이다 (눅 19:8).

3) 회개는 자기 죄를 버리는 것입니다.

자기의 죄를 숨기는 자는 형통치 못하나 죄를 자복하고 버리는 자는 불쌍히 여김을 받으리라 (잠 28:13).

대답하되 주여 없나이다 예수께서 가라사대 나도 너를 정죄하지 아니하노니 가서 다시는 죄를 범치 말라 하시니라 (요 8:11).

4) 회개는 하나님께로 돌아가는 것입니다.

그 눈을 뜨게 하여 어두움에서 빛으로, 사단의 권세에서 하나님께로 돌아가게 하고 죄 사함과 나를 믿어 거룩케 된 무리 가운데서 기업을 얻게 하리라 하더이다 (행 26:18).

하나님을 떠나 죄를 범하다가 하나님만이 용서와 평안을 주실 줄 믿고 하나님께로 돌아가는 것이 회개입니다.

(2) 회개는 어떻게 해야 합니까?

그리스도인의 생활이 예수 믿지 않는 사람과 다른 점은 자기 삶에 잘못이 있을 때 회개하는 것입니다.

> 대저 나는 내 죄과를 아오니 내 죄가 항상 내 앞에 있나이다 내가 주께
> 만 범죄하여 주의 목전에 악을 행하였사오니 주께서 말씀하실 때에 의
> 로우시다 하고 판단하실 때에 순전하시다 하리이다 (시 51:3~4).

회개는 하나님 앞에 하는데 사람 앞에 회개할 때도 있습니다.

> 내가 일어나 아버지께 가서 이르기를 아버지여 내가 하늘과 아버지께
> 죄를 얻었사오니 지금부터는 아버지의 아들이라 일컬음을 감당치 못
> 하겠나이다 나를 품꾼의 하나로 보소서 하리라 하고 (눅 15:18~19).

(3) 회개는 몇 번 해야 합니까?

원죄는 예수님께서 십자가에 못 박혀 돌아가심으로 단번에 용서
받았습니다.

> 한 번 죽는 것은 사람에게 정하신 것이요 그 후에는 심판이 있으리니
> 이와 같이 그리스도도 많은 사람의 죄를 담당하시려고 단번에 드리신
> 바 되셨고 구원에 이르게 하기 위하여 죄와 상관없이 자기를 바라는
> 자들에게 두 번째 나타나시리라 (히 9:27~28).

예수를 믿어 회개하고 사죄의 은총을 받은 사람이라도 계속 허
물이 있고 죄를 범하게 되기 때문에 이 자범죄에 대한 회개는 반복
되어야 합니다. 회개하는 사람은 작은 허물로부터 시작하여 큰 죄
까지 회개하되 아는 것부터 회개하며 깊이 반성하면서 숨겨져 있

는 죄까지 회개해야 합니다.

개인 개인이 하나님과 사람 앞에 잘못된 것을 회개할 뿐만 아니라 개인 개인이 모여서 한 나라를 이루었기 때문에 국가의 죄에 대해서는 개인으로부터 시작해 국가적으로 모여 전 국민이 회개해야 합니다.

사무엘 선지자는 국가가 위기를 당했을 때에 이스라엘 전 국민을 미스바에 모이게 하고 하나님 앞에 회개했습니다.

> 그들이 미스바에 모여 물을 길어 여호와 앞에 붓고 그날에 금식하고 거기서 가로되 우리가 여호와께 범죄하였나이다 하니라 사무엘이 미스바에서 이스라엘 자손을 다스리니라 (삼상 7:6).

이스라엘 전 국민이 회개함으로써 강대국 블레셋과 싸워 승리할 수 있었습니다.

(4) 회개의 결과는 무엇입니까?

1) 회개하면 모든 죄를 용서받을 수 있습니다.

> 만일 우리가 우리 죄를 자백하면 저는 미쁘시고 의로우사 우리 죄를 사하시며 모든 불의에서 우리를 깨끗게 하실 것이요 (요일 1:9).

> 악인은 그 길을, 불의한 자는 그 생각을 버리고 여호와께로 돌아오라 그리하면 그가 긍휼히 여기시리라 우리 하나님께로 나아오라 그가 널리 용서하시리라 (사 55:7).

그러므로 너희가 회개하고 돌이켜 너희 죄 없이 함을 받으라 이같이 하면 유쾌하게 되는 날이 주 앞으로부터 이를 것이요 (행 3:19).

2) 회개하면 성령(聖靈)을 선물로 받습니다.

베드로가 가로되 너희가 회개하여 각각 예수 그리스도의 이름으로 세례를 받고 죄 사함을 얻으라 그리하면 성령을 선물로 받으리니 (행 2:38).

베드로가 이 말 할 때에 성령이 말씀 듣는 모든 사람에게 내려오시니 (행 10:44).

3) 회개하면 열매를 맺게 됩니다.

세례 요한은 회개에 합당한 열매를 맺으라고 했습니다. 입으로 자복(自服)하며 눈물을 흘리는 것만으로는 부족합니다. 죄를 지었다고 자복하고 회개했으면 그 죄에서 떠나야 회개의 열매를 맺게 됩니다.

그러므로 회개에 합당한 열매를 맺고 (마 3:8).

베드로는 예수님을 모른다고 세 번 부인하고, 닭이 울 때에 눈물을 흘리면서 회개하고는 그 자리를 떠났습니다. 참 회개에는 죄의 자리에서 떠나는 회개의 열매가 따라야 합니다.

삭개오는 예수님을 만난 후에 회개의 열매를 맺었습니다.

삭개오가 서서 주께 여짜오되 주여 보시옵소서 내 소유의 절반을 가난한 자들에게 주겠사오며 만일 뉘 것을 토색한 일이 있으면 사 배나 갚겠나이다 (눅 19:8).

구약시대에는 남에게 손해를 끼쳤으면 다섯 배로 갚아 주는 관습이 있었습니다.

사람이 소나 양을 도적질하여 잡거나 팔면 그는 소 하나에 소 다섯으로 갚고 양 하나에 양 넷으로 갚을지니라 (출 22:1).

회개의 열매에는 보상이 따릅니다. 남에게 손해를 입혔으면 말로만 잘못을 뉘우칠 것이 아니라 물질로 갚아 주며 보상해 주어야 회개의 열매를 맺는 결과가 되는 것입니다.

인간의 노력이나 결심으로는 죄의 문제가 해결될 수 없었으나 우리 죄를 대신해 십자가에서 죽으신 예수 그리스도를 믿으면 죄를 없이 할 수 있으며, 예수 그리스도의 십자가를 힘입어 무슨 죄라도 회개하기만 하면 지난 죄는 용서를 받고 하나님의 자녀가 되는 권세를 얻게 됩니다.

주의 백성의 죄악을 사하시고 저희 모든 죄를 덮으셨나이다 (시 85:2).

그러므로 이제 그리스도 예수 안에 있는 자에게는 결코 정죄함이 없나니 (롬 8:1).

영접하는 자 곧 그 이름을 믿는 자들에게는 하나님의 자녀가 되는 권세를 주셨으니 (요 1:12).

　　예수 십자가의 보혈로 우리의 죄가 씻어지고 용서함을 받았으니 회개에 합당한 열매를 맺어 하나님을 기쁘시게 하는 신앙생활을 해야 하겠습니다.

5 구원받은 성도의 믿음

(The faith of saved saints)

성경 : 히 11:1~6
찬송 : 544장, 545장

믿음에는 두 가지 종류가 있는데 하나는 긍정적인 믿음으로서
창조적이고 적극적이고 열심히 믿는 생활태도를 갖게 하며, 또 하
나는 부정적인 믿음으로서 파괴적이고 지극히 소극적이고 게으른

삶을 살아가게 합니다.

기독교의 믿음은 긍정적인 믿음으로서 정신적으로나 영적으로 건강한 생활을 하는 것이며, 불의와 죄 가운데서 살았던 과거의 삶의 방향을 완전히 바꾸어서 하나님의 은총과 사랑과 의와 진리 안에서 살아가는 삶의 태도를 말합니다.

성경은 이것을 가리켜서 '회개하는 믿음'이라고 합니다. 삶의 태도에 놀라운 방향 전환이 있어야 믿음의 삶이 시작되는 것입니다. 그러므로 우리는 항상 생활 속에서 긍정적인 말을 사용해야 합니다.

> 사람이 마음으로 믿어 의에 이르고 입으로 시인하여 구원에 이르느니라 (롬 10:10).

귀로 들은 하나님 말씀을 믿어 그 믿음을 입으로 고백하게 될 때에 구원에 이르는 복을 받습니다.

구원받은 믿음이란 예수 그리스도를 구주로 영접함으로 세상의 자녀들이 하나님의 자녀가 되는 믿음을 갖는 것입니다.

1. 구원받은 성도의 믿음의 의미

(1) 예수 그리스도를 구주로 영접(迎接)하는 것입니다.

> 자기 땅에 오매 자기 백성이 영접지 아니하였으나 영접하는 자 곧 그

이름을 믿는 자들에게는 하나님의 자녀가 되는 권세를 주셨으니 이는 혈통으로나 육정으로나 사람의 뜻으로 나지 아니하고 오직 하나님께로서 난 자들이니라 (요 1:11~13).

'구원받은 믿음'이란 하나님께서 독생자 예수 그리스도를 우리의 죄를 위해 세상에 보내심으로 우리가 죄악에서 구원받게 되었다는 사실을 확신하는 주 예수 그리스도에 대한 개인적인 신뢰를 말합니다. 믿음은 사람에게서 나온 것이 아니라 하나님께서 우리에게 값없이 주신 선물입니다(엡 2 : 8).

믿음은 바라는 것들의 실상이요 보지 못하는 것들의 증거니 선진들이 이로써 증거를 얻었느니라 (히 11:1~2).

예수 그리스도를 내 마음에 영접하되 온전히 영접해야 합니다. 예수 그리스도를 선생과 선지자로 영접하고 그의 말씀에 순종하며 속죄주(贖罪主)로, 제사장으로 영접하고 예수님만 의지해야 합니다.

내 힘으로는 아무것도 할 수 없는 죄인인 우리를 대신해 십자가에서 돌아가신 예수 그리스도만 의지하는 것이 믿음입니다. 예수 그리스도를 만왕의 왕으로 영접하고 예수님께 나아가 항복하는 것이 믿음이며, 예수 그리스도를 나의 구원의 주로 영접하고 내 생활에 들어오시도록 환영해드리는 것이 믿음입니다.

(2) 예수 그리스도에게 의탁(依託)하는 것입니다.

이를 인하여 내가 또 이 고난을 받되 부끄러워하지 아니함은 나의 의
뢰한 자를 내가 알고 또한 나의 의탁한 것을 그날까지 저가 능히 지키
실 줄을 확신함이라 (딤후 1:12).

예수 그리스도를 믿는다는 것은 예수 그리스도를 바로 알고 그
에게 모든 것을 의탁하는 것입니다. 기독교 신앙의 대상은 하나님
이며, 예수 그리스도를 구주로 믿고 의지하며 그에게 의탁하는 것
입니다.

예수 그리스도를 믿고 의지하고 의탁하는 사람은 하나님의 자녀
이기 때문에 예배와 기도와 찬송과 감사와 헌금을 통해 바르게 믿
음생활을 해야 합니다.

그러므로 하나님의 뜻대로 고난을 받는 자들은 또한 선을 행하는 가운
데 그 영혼을 미쁘신 조물주께 부탁할지어다 (벧전 4:19).

믿음은 예수 그리스도를 구주로 믿는 것뿐만 아니라 예수님께
근심과 고통과 가정의 일, 나라의 일 등 모든 것을 맡기는 것입니
다. 또한 예수 그리스도를 바르게 알고 믿어야 합니다. 예수 그리
스도를 만병통치(萬病通治)하는 의사(醫師)로 잘못 알거나 복을 주는
신통력(神通力)을 소유한 분으로만 안다면 잘못된 믿음입니다. 예
수 그리스도는 하나님의 아들로 우리 대신 십자가에서 돌아가셨다
가 다시 부활하신 구주이십니다.

(3) 예수 그리스도의 말씀을 듣고 순종하는 것입니다.

> 그러므로 믿음은 들음에서 나며 들음은 그리스도의 말씀으로 말미암
> 았느니라 (롬 10:17).

믿음은 예수 그리스도의 말씀을 듣는 것이요, 그 말씀에 순종하
는 것입니다.

> 시몬이 대답하여 가로되 선생이여 우리들이 밤이도록 수고를 하였으
> 되 얻은 것이 없지마는 말씀에 의지하여 내가 그물을 내리리이다 하고
> (눅 5:5).

베드로와 몇 사람이 밤새 수고했으나 얻은 것이 없었습니다. 예
수님이 베드로에게 깊은 데로 가서 그물을 내려 고기를 잡으라고
말씀하셨을 때, 베드로는 어부로 일생을 살아온 경험이나 지식으
로는 불가능한 일이었지만 예수님의 말씀에 순종하여 결국 고기를
많이 잡았습니다. 믿음은 듣고 순종하는 것입니다.

> 여호와께서 아브람에게 이르시되 너는 너의 본토 친척 아비 집을 떠나
> 내가 네게 지시할 땅으로 가라 (창 12:1).

믿음의 조상 아브라함은 하나님의 명령을 받았을 때 어디로 가
야 할지 알지 못했지만 하나님의 말씀을 듣고 순종해 한 걸음 한
걸음 인도하실 것을 믿고 나아갔습니다. 이 믿음은 후세 사람들에
게 아름다운 믿음으로 기억되고 추앙받고 있습니다. 모세나 이사
야나 베드로, 바울도 마찬가지로 훌륭한 믿음의 사람들입니다.

2. 예수 그리스도를 믿음으로 받는 복

> 내가 진실로 진실로 너희에게 이르노니 내 말을 듣고 또 나 보내신 이
> 를 믿는 자는 영생을 얻었고 심판에 이르지 아니하나니 사망에서 생명
> 으로 옮겼느니라 (요 5:24).

하나님의 자녀로 부름 받아 예수 그리스도를 구원의 주로 믿으
면 죄악에서 떠나 빛 가운데서 살아가며(요 1:12), 세상의 모든 환난
과 유혹을 이기게 되므로 정죄(定罪)함과 심판을 받지 않고(롬 8:1),
영원한 생명을 얻을 수 있게 됩니다(요 3:15). 예수 그리스도를 믿으
면 사망에서 생명으로, 실패와 좌절과 낙심에서 영혼의 안식(安息)
과 영생의 기쁨으로 인도함 받습니다(요 6:50~58).

> 네가 만일 네 입으로 예수를 주로 시인하며 또 하나님께서 그를 죽은
> 자 가운데서 살리신 것을 네 마음에 믿으면 구원을 얻으리니 사람이
> 마음으로 믿어 의에 이르고 입으로 시인하여 구원에 이르느니라 (롬
> 10:9~10).

진정한 기쁨과 희망이 넘치는 인생으로 변화되기를 원한다면 지
금 이 순간 예수 그리스도를 구주로 영접하시기 바랍니다. 예수 그
리스도를 영접하고 믿기만 하면 영원한 구원을 받게 됩니다.

6 구원받은 성도의 중생

(The new life of saved saints)

성경 : 요 3:1~8
찬송 : 288장, 421장

중생(重生)의 뜻

파스칼은 "인간의 마음속에는 커다란 구멍이 뚫려 있는데 그 구멍은 세상적인 쾌락이나 물질욕으로 채울 수 없고, 아무리 메우려고 노력해도 불만족과 실망으로 끝나지만, 그 구멍의 빈자리에 하나님을 모시고, 예수 그리스도를 모실 때 참 평안을 얻을 수 있다.”라고 밝혔습니다.

요한복음 3장 8절에 보면 예수님께서 성령을 바람에 비교해서 설명해 주셨습니다. 바람이 부는 것은 눈에 보이지 않지만 나뭇가지가 흔들리는 것을 보고 바람이 부는 것을 알 수 있습니다. 마찬가지로 영적인 세계도 눈에 보이지 않지만 여러분의 변화된 삶을 통해서 드러낼 수 있습니다.

우리는 컴퓨터나 계산기를 사용할 때 원리를 잘 모르고 사용합니다. 어떻게 텔레비전 화면이 나오는지는 잘 모르지만, 전원을 켜고 채널을 돌리면 화면이 나온다는 것을 압니다. 예수 믿고 변화되어 거듭난 것을 어떻게 표현하지는 못해도, 게을렀던 사람이 부지런해지고 거짓말과 악행을 행하던 사람이 진실해지고 선한 일을 하는 사람으로 변화되는 것을 보면 알 수 있습니다. 이것이 거듭난 중생의 삶입니다.

(1) 중생, 거듭남의 의미

> 오직 심령으로 새롭게 되어 하나님을 따라 의와 진리의 거룩함으로 지으심을 받은 새사람을 입으라 (엡 4:23~24).

중생은 새로 지어낸다는 뜻으로 악하고 불의하던 인간이 의와 거룩함으로 지어진 새사람을 입는 것을 의미합니다.

아버지께서 죽은 자들을 일으켜 살리심같이 아들도 자기의 원하는 자들을 살리느니라 (요 5:21).

중생은 살린다는 뜻으로 죽음의 상태에서 일으키는 행동입니다.

그가 그 조물 중에 우리로 한 첫 열매가 되게 하시려고 자기의 뜻을 좇아 진리의 말씀으로 우리를 낳으셨느니라 (약 1:18).

중생은 낳는다는 뜻으로서 진리의 말씀대로 새사람이 되는 것을 말합니다. 중생은 성령의 역사로 악을 행하던 사람이 선을 행하는 사람으로 다시 새롭게 탄생되는 것입니다.

(2) 중생하는 방법

예수께서 대답하시되 진실로 진실로 네게 이르노니 사람이 물과 성령으로 나지 아니하면 하나님 나라에 들어갈 수 없느니라 (요 3:5).

거듭난다는 것은 다시 난다는 말이요, 성령의 역사로 하나님의 자녀가 되어 영적으로 출생하는 것을 말합니다. 거듭나는 방법은 물과 성령의 역사로 이루어지는데 물은 성경 말씀을 의미합니다.

만일 우리가 우리 죄를 자백하면 저는 미쁘시고 의로우사 우리 죄를 사하시며 모든 불의에서 우리를 깨끗게 하실 것이요 (요일 1:9),

중생의 방법은 죄를 해부하여 숨김없이 하나님께 고백하고 용서를 구하는 일이요, 겸손하게 눈물과 탄식으로 기도함으로 예수 그리스도의 용서와 자비를 구하는 회개를 하는 일입니다. 그리하면 예수 그리스도의 피가 여러분을 깨끗게 하실 것입니다.

> 세리는 멀리 서서 감히 눈을 들어 하늘을 우러러 보지도 못하고 다만 가슴을 치며 가로되 하나님이여 불쌍히 여기옵소서 나는 죄인이로소이다 하였느니라 (눅 18:13).

중생은 죄에서 돌아서는 내면의 변화와 죄의 결과를 깨달으며, 자신의 죄를 영원히 버리고 돌아서는 행동의 변화를 통해 이루어집니다. 하나님 앞에서 과거의 모든 죄된 생활을 영원히 용서함 받도록 참된 뉘우침으로 용서를 구해야 합니다(렘 33:8).

(3) 중생의 결과

> 그런즉 누구든지 그리스도 안에 있으면 새로운 피조물이라 이전 것은 지나갔으니 보라 새것이 되었도다 (고후 5:17).

중생한 사람은 새로 지음을 받아 새사람이 되는 것입니다.

> 할례나 무할례가 아무것도 아니로되 오직 새로 지으심을 받은 자뿐이니라 (갈 6:15).

> 영접하는 자 곧 그 이름을 믿는 자들에게는 하나님의 자녀가 되는 권

세를 주셨으니 이는 혈통으로나 육정으로나 사람의 뜻으로 나지 아니
하고 오직 하나님께로서 난 자들이니라 (요 1:12~13).

중생한 사람은 하나님의 자녀가 된 사람이요, 예수 그리스도를
구주로 믿는 사람은 하나님 안에서 영적인 출생을 한 사람입니다.
이러한 사람은 새 생명으로 거듭나서 내적 만족감을 누리면서 살
게 됩니다.

또 새 영을 너희 속에 두고 새 마음을 너희에게 주되 너희 육신에서
굳은 마음을 제하고 부드러운 마음을 줄 것이며 (겔 36:26).

중생한 사람은 마음이 새로워진 사람이요, 하나님의 성품에 참
예하는 사람입니다.

썩지 않고 더럽지 않고 쇠하지 아니하는 기업을 잇게 하시나니 곧 너
희를 위하여 하늘에 간직하신 것이라 (벧전 1:4).

새사람을 입었으니 이는 자기를 창조하신 자의 형상을 좇아 지식에까
지 새롭게 하심을 받는 자니라 (골 3:10).

중생한 사람은 세상을 이기는 사람입니다 (요일 5:4). 중생의 시
기는 성령의 인도로 예수 그리스도를 구주로 믿는 순간부터이며,
죄를 자복(自服)하며 성령의 뜻에 순종하는 순간입니다 (롬 1:16,
8:5).

(4) 중생한 사람의 삶

> 그러므로 형제들아 내가 하나님의 모든 자비하심으로 너희를 권하노
> 니 너희 몸을 하나님이 기뻐하시는 거룩한 산 제사로 드리라 (롬 12:1).

중생한 하나님의 자녀가 되었으니 이제는 주님께 나의 남은 생
애를 바치겠다는 헌신의 기도를 드려야 합니다. 중생하기 전, 즉
예수 믿기 전의 모든 삶을 완전히 버리고 예수 믿은 후의 삶을 새롭
게 살아야 합니다.

예수 믿기 전의 삶은 죄와 허물의 삶이며, 육체의 욕심에 따라
사는 삶이며, 마귀의 자녀로 세상 풍습을 따라 악독, 궤휼, 간사,
시기, 원망, 음란 등의 갖가지 악한 삶이었습니다. 그러나 중생한
후 거듭난 사람의 삶은 하나님의 자녀로 성령의 인도를 따라 살며,
예수님 중심으로 기쁨과 감사와 희락과 화평의 삶을 살아갑니다.

> 오직 성령의 열매는 사랑과 희락과 화평과 오래 참음과 자비와 양선
> 과 충성과 온유와 절제니 이 같은 것을 금지할 법이 없느니라 (갈
> 5:22~23).

중생한 사람의 삶은 술이나 담배나 음란(淫亂)을 버리고 봉사와
희생으로 복 받는 삶이요, 예수 그리스도를 따라 사는 삶입니다.
우리는 그리스도인으로서 성령의 열매를 맺는 삶을 살아야 합니다
(롬 1:16, 행 16:31, 히 11:6).

7 구원의 책 성경

(Holy Bible, the book of salvation)

성경 : 요 3:13~21
찬송 : 199장, 200장

성 어거스틴은 젊었을 때에 방탕한 생활을 했던 사람이었습니다. 어느 날 밀라노의 정원에서 로마서 13장 12~14절까지의 말씀을 읽다가 완전히 변화되었습니다. 탕자가 하나님의 말씀의 능력

안에서 근원적으로 변화되어 성자가 된 것입니다.

종교개혁자 마틴 루터도 로마서 1장 17절에 있는 "의인은 믿음으로 말미암아 살리라"라는 말씀을 읽으면서 복음의 진리를 깨닫고 마침내 종교개혁을 이루었습니다.

조지 뮬러는 시편 68편 5절에서 하나님은 '고아의 아버지'라는 말씀을 읽고 일생을 바쳐 고아를 돌보는 사랑의 기적을 일으켰습니다.

밀림의 성자 알베르트 슈바이처 박사는 누가복음 16장 19~31절에 있는 '부자와 나사로의 비유'를 읽으면서 거지 나사로와 같은 불행한 삶을 사는 아프리카의 흑인과 함께 살기로 결심하고 밀림으로 들어갔습니다.

하나님의 말씀인 성경에는 우리의 인격을 변화시켜서 근원적으로 새로운 존재로 살아가게 하는 능력이 있습니다.

1. 성경은 어떤 책입니까?

(1) 믿음과 생활의 기준이 되는 책

> 모든 성경은 하나님의 감동으로 된 것으로 교훈과 책망과 바르게 함과 의로 교육하기에 유익하니 (딤후 3:16).

성경의 저자는 하나님 자신이므로 성경의 권위를 인정하고 성경을 하나님의 말씀으로 받아들일 수 있습니다.

1) 성경은 죄를 깨닫게 합니다 (신 11:26, 28, 롬 7:7).
2) 성경은 구원의 도리를 알게 합니다 (엡 2:5~8).
3) 성경은 그리스도인의 생활지침을 제시해 줍니다 (롬 12:1~2).
4) 성경은 그리스도인의 영혼을 성장시켜 줍니다 (고전 3:1~2).

로마 가톨릭교회는 믿음과 행위를 똑같이 중요하다고 가르쳐 선행을 통한 공로를 쌓아야 한다고 주장하였습니다. 그리고 성경 이외에 교황(敎皇)의 교서나 경외전이나 예전을 중요시했고 성경의 권위와 동시에 교황의 권위를 주장했습니다.

프로테스탄트 교회(改新敎)는 성경의 권위만 인정했고 믿음에 관한 모든 것은 오직 성경에 의해서만 옳고 그름을 판단했습니다. 종교개혁자 마틴 루터나 존 칼빈은 '오직 믿음, 오직 은총, 오직 성경'만을 내세우며 종교개혁을 이루었습니다. 이와 같이 성경은 믿음과 생활상의 윤리나 도덕에 관한 모든 삶의 기준이 되는 책입니다.

(2) 예수 그리스도에 관한 책

주의 성령이 내게 임하셨으니 이는 가난한 자에게 복음을 전하게 하시려고 내게 기름을 부으시고 나를 보내사 포로 된 자에게 자유를, 눈먼 자에게 다시 보게 함을 전파하며 눌린 자를 자유케 하고 주의 은혜의 해를 전파하게 하려 하심이라 하였더라 (눅 4:18~19).

성경은 구약과 신약으로 구분하며, 구약은 하나님께서 예수 그리스도를 보내시기 위해 선택하신 '한 민족 이스라엘'에 관한 기록이요, 신약은 예수 그리스도 '한 분'에 관한 기록입니다.

성경은 전체적으로 예수 그리스도에 대한 이야기이며, 믿는 자들에게 영생을 약속하신 말씀입니다. 우리는 성경의 중심인 예수 그리스도를 믿고 이해하고 배우고 사랑하고 따르며, 말씀이 우리 생활의 중심이 되게 하여야 합니다.

(3) 하나님의 계시(啓示)의 책

> 하늘이 하나님의 영광을 선포하고 궁창이 그 손으로 하신 일을 나타내는도다 날은 날에게 말하고 밤은 밤에게 지식을 전하니 (시 19:1~2).

> 창세로부터 그의 보이지 아니하는 것들 곧 그의 영원하신 능력과 신성이 그 만드신 만물에 분명히 보여 알게 되나니 그러므로 저희가 핑계치 못할지니라 (롬 1:20).

토마스 칼라일은 "성경은 인간의 언어에서 나온 가장 진실한 것으로, 이것을 통해 하나님을 향하여 열려진 창문처럼 모든 사람은 영원한 고요를 느낄 수 있다."라고 했습니다.

'계시'란 창조물과 역사와 인간에게 성경을 통해 하나님께서 자신을 드러내 보이신다는 뜻입니다. 성경은 하나님이 계시하시는 말씀으로서 예수 그리스도의 구속 역사를 타락한 사람들에게 전달하는 수단입니다.

자연을 통해서나 양심을 통해서 또는 역사를 통해서 하나님의 존재를 알 수 있는데 이런 것을 '일반계시(一般啓示)'라고 하고, 성경을 통해서 또는 예수 그리스도를 통해서 하나님의 뜻을 나타내 보이신 것을 '특별계시'라고 합니다. 성경을 통해 이스라엘 역사와 예수 그리스도의 구원의 도리와 인간을 향한 하나님의 뜻을 발견하고 알고 믿어야 하겠습니다.

2. 성경은 어떠한 방법으로 기록되었습니까?

성경은 하나님의 말씀으로(딤후 3:16) 통일성이 있어 스스로 해석하고, 평상인의 언어로 되어 있습니다. 성령의 가르침이 있어야 이해할 수 있으며 하나님은 자기 뜻을 나타내시기 위하여 기자들에게 성경을 쓰도록 명령하셨습니다(출 34:27, 계 1:1, 22:6~7).

(1) 정경(正經)으로서 하나님의 말씀인 성경

> 무릇 이 규례를 행하는 자에게와 하나님의 이스라엘에게 평강과 긍휼이 있을지어다 (갈 6:16).

성경을 정경이란 말로 사용하는데 히브리어로 '카네(קָנֶה)'라고 하며, 헬라어로는 '카논(κανων)'으로 '막대기' '갈대'를 의미하며, 석공이나 목수가 사용하는 '자'와 같이 사물을 곧게 만들거나 일직선인가를 측정하는 도구를 가리킵니다. 많은 종교 문헌 가운데서 진실한 것과 거짓된 것을 가려서 신앙의 기준이 되는 책을 골라서 정경이라고 했습니다.

정경은 그리스도교의 신앙의 규범이 될 수 있어야 하며, 그리스도가 가진 신앙 고백과 신조를 규정하는 데 표준이 될 수 있어야 하며, 그리스도인의 도덕적·종교적 생활의 올바른 규율을 세울 수 있는 데 표준이 되는 것이어야 합니다.

정경에 편입되지 못한 외경이 신약에 67권이 있고, 구약에 15권이 있는데 대부분 너무 신비스럽거나 비밀스런 전승(傳承)이 포함되어 있어 의심스럽고 허구성이 짙은 것들입니다.

(2) 계약의 말씀으로서의 성경

> 내가 너로 여자와 원수가 되게 하고 너의 후손도 여자의 후손과 원수가 되게 하리니 여자의 후손은 네 머리를 상하게 할 것이요 너는 그의 발꿈치를 상하게 할 것이니라 하시고 (창 3:15).

성경은 예수 그리스도를 증언한 책으로 구약은 그리스도를 보내실 것을 언약한 책이요, 신약은 약속하신 대로 오신 예수 그리스도를 증언한 책입니다.

구약, 신약이란 말은 '테스타먼트(Testament)'로 라틴어 '테스타멘툼(Testamentum)'에서 유래되었는데, 곧 '유언'이란 뜻입니다.

구약은 옛 계약이요, 신약은 새 계약이라는 뜻이 있습니다. 창세기 15장 1~5절은 아브라함과의 계약이고, 출애굽기 19장 1~25절은 모세와의 계약이며, 이사야 9장 6절은 구원자 예수 그리스도의 오심을 계약한 말씀이요, 히브리서 8~10장에 보면 예수님은 새 계약의 완성자라고 하였습니다. 성경은 계약의 말씀입니다.

(3) 세 가지 면에서 하나님의 말씀인 성경

1) 예수 그리스도는 하나님의 말씀입니다.

말씀이 육신이 되어 우리 가운데 거하시매 우리가 그 영광을 보니 아버지의 독생자의 영광이요 은혜와 진리가 충만하더라 (요 1:14).

예수님은 사람으로 변해 버린 것이 아니라 영원하신 말씀 속에 계속 존재하십니다 (요 5:39, 14:9).

2) 성경 자체가 하나님 말씀입니다.

신, 구약은 기록되면서 항상 예수 그리스도에 초점을 맞추어 집필되었으며, 성경을 읽을 때마다 하나님께로 인도되는 것은 성경이 하나님의 말씀이라는 증거입니다.

3) 성경은 설교요, 하나님의 말씀입니다.

신학자 칼 바르트는 "예수 그리스도는 '인간이 되신 하나님의 말씀'이요 성경은 '기록된 하나님의 말씀'이며 설교는 '말하여진 하나님의 말씀'이다."라고 밝혔습니다. 인간의 언어인 설교를 하나님의 말씀이 되게 하시는 것은 성령의 역사요, 예수 그리스도와 성경은 하나님의 말씀 자체이며 설교는 하나님의 말씀의 증거입니다.

8 성령의 감동으로 된 성경

(The scripture is given by inspiration of Holy Spirit)

성경 : 딤후 3:15~17
찬송 : 205장, 202장

1. 영감설로서의 하나님의 말씀

(1) 기계적 영감설(機械的 靈感說)

하나님은 성경 기자들에게 계시의 사실을 불러 주셨고, 기자들은 기계적으로 받아 적었다고 하는 주장입니다.

(2) 역동적 영감설(力動的 靈感說)

성령의 영감이 아니라 성경 기자의 영감에 의해서 성경이 기록되었다는 주장입니다.

(3) 유기적 영감설(有機的 靈感說)

성경 기자들의 성품과 기질, 은사와 재능, 교육과 교양, 용어와 어법, 문체와 직업 등 모든 면을 사용하셔서 성경을 기록했다는 주장입니다.

(4) 부분적 영감설(部分的 靈感說)

성경의 전체적 영감을 부인하고 일부분만 영감으로 기록되었다는 주장입니다.

(5) 사상적 영감설(思想的 靈感說)

성경의 영감을 부인하고 성서에는 언어적 영감보다 사상적 영감이 더 많다고 주장합니다.

(6) 축자적 영감설(逐字的 靈感說)

하나님께서 성경 기자들의 용어와 표현을 선택하면서 오류에 빠지지 않도록 보호하시고, 성경 기자들의 사상, 표현, 개성을 사용해 성경을 기록하였으며, 모든 성경 구절과 단어가 영감으로 기록되었다는 주장입니다(렘 1:9, 겔 3:4, 10, 11, 고전 2:13).

2. 성경의 내용

(1) 구약성경의 내용

39권으로 율법서, 역사서, 성문서, 예언서로 구분됩니다.

1) 율법서(모세 5경) – 창세기, 출애굽기, 레위기, 민수기, 신명기

2) 역사서(12권) – 여호수아, 사사기, 룻기, 사무엘상·하, 열왕기상·하, 역대상·하, 에스라, 느헤미야, 에스더

3) 성문서 (시가 5권) – 욥기, 시편, 잠언, 전도서, 아가

4) 예언서(17권)
 ① 대예언서(5권) – 이사야, 예레미야, 예레미야애가, 에스겔, 다니엘
 ② 소예언서(12권) – 호세아, 요엘, 아모스, 오바댜, 요나, 미가, 나훔, 하박국, 스바냐, 학개, 스가랴, 말라기

(2) 신약성경의 내용

27권으로 복음서, 역사서, 서신서, 예언서로 구분됩니다.

1) 복음서(4권) – 마태복음, 마가복음, 누가복음, 요한복음

2) 역사서(1권) – 사도행전

3) 서신서(21권)
　① 일반서신(6권) – 로마서, 고린도전·후서, 갈라디아서, 데살로니가
　　　　전·후서
　② 옥중서신(4권) – 에베소서, 빌립보서, 골로새서, 빌레몬서
　③ 목회서신(3권) – 디모데전·후서, 디도서
　④ 공동서신(8권) – 히브리서, 야고보서, 베드로전·후서, 요한 1·2·3
　　　　서, 유다서

4) 예언서(1권) – 요한계시록

(3) 성경의 장과 절수

구약과 신약 성경은 4천여 년에 걸쳐서 40여 명의 성경 기자들을 통해 기록된 책입니다. 성경의 장 구분은 주후 13세기 스테판 랑튼이 라틴어 번역 성경에 장으로 구분한 뒤 지금까지 그대로 사용하고 있습니다. 구약성경은 총 929장, 23, 214절이요, 신약성경은 총 260장, 7,957절로서 성경 전체는 총 1,189장이며 31,171절

입니다.

성경 중 가장 긴 장은 시편 119편이요, 가장 짧은 장은 시편 117편입니다. 가장 긴 절은 요한계시록 20장 8절이고, 가장 짧은 절은 요한복음 11장 35절입니다. 성경 중 한가운데 있는 절은 시편 118편 8절입니다.

3. 성경을 기록한 목적은 무엇입니까?

성경을 기록한 목적은 하나님이 홀로 자존하신 참신으로서 천지와 우주를 창조하셨고(창 1:1), 인간에게 영원한 영생의 삶이 있다는 사실(요일 5:13)을 가르쳐 주기 위함이며, 예수 그리스도가 하나님의 아들이시요, 예수님을 믿음으로 영생을 얻게 하기 위해서입니다(요 20:31).

성경은 의로운 삶이 되도록 교육하기에 유익하고(딤후 3:16), 범죄를 방지하며(요일 2:1), 하나님의 자녀들로 하여금 이 진리를 배워 앎으로 자유를 누리게 합니다(요 8:32). 성령의 권능을 받아 복음을 힘있게 전파함으로(행 1:8) 하나님의 자녀 된 본분을 다해 예수님의 제자로서 하나님께 영광을 돌리며 소원을 이루게 하는 신앙이 무엇인가를 알게 하기 위해서 성경을 기록했습니다(요 15:8, 16).

4. 성경을 읽을 때의 마음자세

성경은 자기 눈과 머리와 마음으로 읽어야 하며, 규칙적으로 읽고 계획을 세워 읽으며, 신약과 구약을 번갈아 되풀이해서 읽으며, 전후 문맥을 생각하며 읽고, 새로운 마음으로 읽고(고전 2:14), 갈급한 심령으로 읽으며(벧전 2:2), 순종하는 마음으로 읽고(시 119:98~100), 겸손한 마음으로 읽으며(잠 18:12), 인애한 마음으로 읽고(눅 8:15), 성구를 암송하면서 읽어야 합니다.

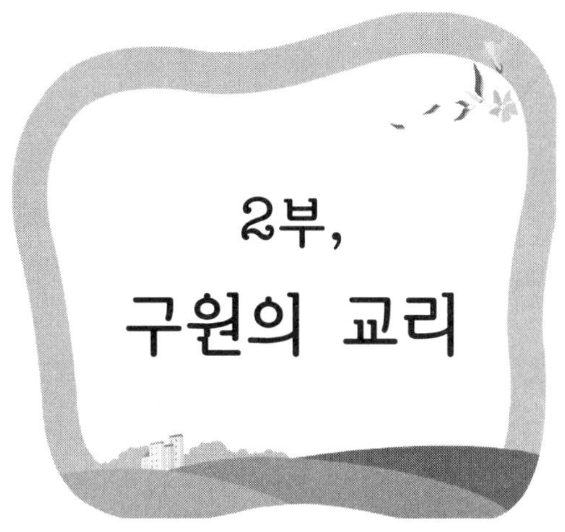

The doctrine of salvation

9 삼위일체 하나님

(The trinity)

성경 : 고후 13:13
찬송 : 478장, 70장

　민음의 조상이며 축복의 조상인 아브라함이 살던 곳은 갈대아 우르로서 태양의 신을 섬기는 지역이었고, 그의 아버지 데라는 우상을 만들어 파는 사람이었습니다. 아브라함도 하나님을 섬기기 전에는 태양신을 섬겼습니다.

그러던 어느 날 서산에 해가 지는 것을 보면서 아브라함은 '내가 섬겨야 할 신은 저렇게 변하는 존재가 아니다.'라고 생각하고 해와 달처럼 변하는 존재가 아닌 창조주 하나님을 찾아서 경배하게 되었습니다.

한번은 아브라함이 우상을 잔뜩 진열한 아버지 데라의 상점을 지키고 있는데, 한 부인이 고기접시를 가지고 상점에 와서 우상에게 바치겠다고 했습니다. 아브라함은 그 고기접시를 받아 제일 큰 우상에게 안겨 주고 다른 작은 우상들은 모두 부숴 버렸습니다.

여행에서 돌아온 아버지 데라가 "왜 이렇게 우상들의 목이 부러지고 아수라장이 되었느냐?" 하고 묻자 아브라함은 "어떤 부인이 가지고 온 고기접시를 큰 우상이 차지하고 작은 우상들을 모두 부숴 버렸습니다."라고 대답했습니다. 그러자 아버지 데라는 "이 녀석아, 우상이 무슨 생명이 있다고 그렇게 하겠느냐?"라고 하였습니다. 그때에 아브라함은 "아버지, 우리가 생명도 없는 이 우상을 왜 섬겨야 합니까?"라고 하였습니다. 아브라함은 그 사건 때문에 집에서 쫓겨나서 가나안 땅으로 갔으며, 아브라함은 진실한 창조주 하나님과 새로운 삶을 출발했다고 합니다.

1. 하나님은 어떠한 분이십니까?

(1) 천지 만물을 창조하신 하나님

태초에 하나님이 천지를 창조하시니라 (창 1:1).

하나님께서는 천지 만물을 어떤 도움도 없이 말씀으로 창조하셨으며, 무(無)에서 세계를 창조하셨습니다(골 4:17). 하나님은 천지 만물과 우주의 물질세계와 인간을 창조하셨고 영적 세계도 창조하셨습니다.

창조의 목적은 하나님 자신의 영광을 나타내기 위함이었으며, 엿새 동안에 창조의 역사를 이루고 이레째 되는 날에 쉬셨습니다.

① 첫째 날—빛
② 둘째 날—궁창, 육지와 물을 나눔
③ 셋째 날—땅, 식물
④ 넷째 날—해, 달, 별
⑤ 다섯째 날—새, 물고기
⑥ 여섯째 날—동물, 사람

하나님의 창조 질서와 조화를 보면서 우리는 하나님께 영광을 돌려야 합니다.

(2) 보존, 협력, 통치, 섭리하시는 하나님

하나님은 만물을 보존하시고 유지하시며 계속 돌보십니다. 하나님께서는 모든 피조물과 협력하시며 피조물이 할 일을 행하도록 역사 하십니다(롬 8:28). 또한 하나님은 만물을 존재하는 목적에 맞도록 다스리시고 천지 만물을 통치(統治)하시며 섭리(攝理)하십니다.

내가 모태에서 적신이 나왔사온즉 또한 적신이 그리로 돌아가올지라 주신 자도 여호와시요 취하신 자도 여호와시오니 여호와의 이름이 찬송을 받으실지니이다 (욥 1:21).

(3) 항상 살아계시는 하나님

하나님은 인격적인 존재요 항상 살아계십니다. 다신교(多神敎), 무속은 신이 무수하게 많기 때문에 통일된 인격이 없고 무인격적 (無人格的)인 신(神)입니다.

내가 주의 신을 떠나 어디로 가며 주의 앞에서 어디로 피하리이까 내가 하늘에 올라갈지라도 거기 계시며 음부에 내 자리를 펼지라도 거기 계시니이다 (시 139:7~8).

하나님은 어느 곳에나 계시는 무소부재(無所不在)하신 분입니다. 그러므로 우리는 창조주 하나님의 눈을 피할 수 없습니다.

여호와여 주께서 나를 감찰하시고 아셨나이다 주께서 나의 앉고 일어섬을 아시며 멀리서도 나의 생각을 통촉하시오며 나의 길과 눕는 것을 감찰하시며 나의 모든 행위를 익히 아시오니 여호와여 내 혀의 말을 알지 못하시는 것이 하나도 없으시니이다 (시 139:1~4).

하나님은 과거, 현재, 미래의 모든 일을 다 알고 계시기 때문에 그리스도인들은 하나님께 기도를 드릴 수 있습니다.

(4) 우리의 아버지이신 하나님

하나님은 모든 피조물의 아버지가 되시며, 하나님을 믿는 모든 그리스도인의 아버지가 되십니다.

> 하나님도 하나이시니 곧 만유의 아버지시라 만유 위에 계시고 만유를 통일하시고 만유 가운데 계시도다 (엡 4:6).

하나님이 지으신 우주 만물은 하나님의 돌보심과 다스림을 받고 있기 때문에 하나님은 만물의 아버지가 되십니다. 마태복음 6장 9절에서 예수님은 하나님을 '아버지'라고 불렀으며, 요한복음 1장 12절에서는 하나님은 '모든 믿는 자의 아버지'가 되신다고 했습니다.

(5) 삼위일체 하나님

삼위일체(三位一體)의 성경적 근거는 창세기 1장 26절에서 찾아볼 수 있습니다. "하나님이 가라사대 우리의 형상을 따라 우리의 모양대로 우리가 사람을 만들고" 또 마태복음 28장 19절에서 예수님은 "아버지와 아들과 성령의 이름으로 세례를 주고"라고 삼위일체 하나님 되심을 말씀하셨습니다.

> 주 예수 그리스도의 은혜와 하나님의 사랑과 성령의 교통하심이 너희 무리와 함께 있을지어다 (고후 13:13).

성부 하나님은 창조주 하나님이시요(창 1:1, 롬 1:7), 성자 예수님은 구원주 하나님이시요(골 2:9, 히 1:8, 요 3:16), 성령 하나님은 인도하시는 하나님입니다(행 5:3, 요 14:16, 26). 삼위의 신성은 영원히 변치 않고 항상 존재하시며, 그 속성들이 모두 동질(同質) 동등(同等)한 한 분 하나님이십니다. 성부(聖父), 성자(聖子), 성령(聖靈) 하나님은 본질에 있어서 한 분이시며, 신성에 있어서도 한 분이시지만 위격면(位格面)에서는 세 분이십니다.

2. 하나님의 속성은 무엇입니까?

(1) 영원하신 하나님

산이 생기기 전 땅과 세계도 주께서 조성하시기 전 곧 영원부터 영원까지 주는 하나님이시니이다 (시 90:2).

사랑하는 자들아 주께는 하루가 천 년 같고 천 년이 하루 같은 이 한 가지를 잊지 말라 (벧후 3:8).

하나님은 영원히 계시며 현재 살아계신 분입니다. 하나님은 시작도 없고 끝도 없으며 무한하신 분입니다(출 3:14).

(2) 창조주 되신 하나님

태초에 하나님이 천지를 창조하시니라 땅이 혼돈하고 공허하며 흑암이 깊음 위에 있고 하나님의 신은 수면에 운행하시니라 (창 1:1~2).

하나님은 무에서 시작해서 말씀으로 천지 만물을 창조하셨습니다.

(3) 전능(全能)하신 하나님

욥이 여호와께 대답하여 가로되 주께서는 무소 불능하시오며 무슨 경영이든지 못 이루실 것이 없는 줄 아오니 (욥 42:1~2).

하나님은 하실 수 없는 것이 없습니다. 하나님께서 하시지 않는 것은 두 가지인데, 죄를 짓지 않으시며 거짓말을 하실 수 없으십니다(히 6:18). 하나님은 전능하신 분입니다(엡 3:20, 마 28:18, 눅 1:35).

(4) 불변(不變)하신 하나님

각양 좋은 은사와 온전한 선물이 다 위로부터 빛들의 아버지께로서 내려오나니 그는 변함도 없으시고 회전하는 그림자도 없으시니라 (약 1:17).

하나님은 죄에 대해서는 심판하시고 회개할 때에는 형벌 대신 복을 주시는 분입니다(히 13:8, 요 14:16, 요나서 참조).

(5) 무소부재(無所不在)하신 하나님

내가 주의 신을 떠나 어디로 가며 주의 앞에서 어디로 피하리이까 (시 139:7).

하나님께서는 우주 내의 모든 곳에 계시며 우리 각 사람 가까이에도 계십니다. 무인도(無人島)에도 계십니다(렘 23:23~24, 마 28:20).

10 신구약 성경의 하나님 명칭과 성품

(The name and the temper of God in the old and new testaments)

성경 : 창 22 : 8~14
찬송 : 85장, 88장

1. 하나님의 성품

(1) 전지(全知)하신 하나님

여호와여 주께서 나를 감찰하시고 아셨나이다 (시 139:1).

하나님은 과거와 현재와 미래를 아십니다. 또한 모든 것이 하나님의 손에 달려 있다는 사실을 알아야 합니다. 하나님은 우리의 이름과 주소와 전화번호까지도 알고 계십니다(마 6:30, 10:30, 요 2:24, 고전 2:10~11).

(2) 거룩하신 하나님

너희는 여호와 우리 하나님을 높여 그 발등상 앞에서 경배할지어다 그는 거룩하시도다 (시 99 : 5).

모든 진리는 하나님께로부터 시작되며 하나님은 거룩하실 뿐만 아니라 죄는 하나님의 보좌에 들어올 수 없으며 천국은 거룩한 곳입니다(계 21:27, 신 25:16, 벧전 2:22, 롬 1:4).

(3) 의로우신 재판관이신 하나님

여호와는 의인을 감찰하시고 악인과 강포함을 좋아하는 자를 마음에 미워하시도다 (시 11 : 5).

하나님은 공의로우시므로 언제든지 죄를 심판하시고, 예수 믿는 사람을 구원하시며, 진실하고 선하게 사는 사람에게 상을 주십니다(창 18:25, 요 5:22).

(4) 사랑이신 하나님

> 우리가 아직 죄인 되었을 때에 그리스도께서 우리를 위하여 죽으심으로 하나님께서 우리에게 대한 자기의 사랑을 확증하셨느니라 (롬 5:8).

하나님의 거룩하신 성품은 죄인인 사람이 하나님의 존전에 이르지 못하게 하며, 하나님의 공의로우심은 죄에 대한 그 형벌로 죽음을 요구하지만 사랑의 하나님은 죄 문제를 해결할 구원의 길을 열어 주셨습니다. 하나님은 죄는 미워하시지만 죄인들의 영혼은 사랑하시기 때문에 예수 그리스도를 보내 주시고 대속의 보혈을 흘리게 하셔서 우리를 구원해 주셨습니다(눅 19:10, 요 3:16, 히 10:26~27).

(5) 미쁘시고 진실하신 하나님

> 만일 우리가 우리 죄를 자백하면 저는 미쁘시고 의로우사 우리 죄를 사하시며 모든 불의에서 우리를 깨끗게 하실 것이요 (요일 1:9).

하나님은 예수 그리스도를 영접하는 자들에게 영생을 약속하셨고 우리를 구원하셔서 천국으로 인도해 주실 것입니다(딤후 2:13, 살전 5:24, 롬 4:21).

월버시 채프맨의 일화 중에 보면, 한 거지가 "선생님, 10센트만 동냥해 주세요."하며 노신사의 얼굴을 쳐다보았는데 그만 깜짝 놀라고 말았습니다. 그 노신사가 바로 자기의 아버지였던 것입니다.

그제야 아버지도 거지가 자기 아들인 것을 알아보았습니다. 아버지는 아들에게 "내가 너를 18년 동안 찾아 다녔는데 10센트뿐만 아니라 내 것은 모두 네 것이란다."라고 말했습니다.

우리 하나님은 노신사보다 더욱 자비와 긍휼이 풍성하신 분입니다. 지금도 우리를 찾고 계시는 하나님은 천지에 있는 모든 것을 풍성하게 채워 주실 것입니다.

2. 구약과 신약에 나타난 하나님 명칭들

(1) 구약에서의 명칭

1) 여호와

'스스로 계시는 분'(출 3:14)이라는 뜻입니다. 자존성(自存性)과 불변성(不變性)을 나타내는 명칭으로서 유대인들은 어려울 때마다 여호와 하나님을 불렀습니다.

2) 엘로힘

'전능자(全能者)'라는 뜻으로 구약에서 2,500회 이상 사용된 이름으로 '창조자 하나님' 최상의 존재를 의미합니다(창 1:1, 출 3:6).

3) 엘 샤다이

'넉넉하신 하나님'이라는 뜻으로 충분하시고 만족하시고 완전하신 하나님입니다(창 17:1~2, 28 : 3~4, 히 7:1).

4) 여호와 이레

아브라함이 독자 이삭을 제물로 드리려 할 때 하나님께서 양을 준비해 주셨다고 하여 '여호와 이레'라고 했는데, 즉 '하나님이 준비하셨다.'라는 뜻입니다(창 22:13~14).

5) 여호와 라파

히브리 민족이 출애굽 할 때 마라의 쓴물을 단물로 고쳐 주시고 '여호와 라파'라고 하셨는데, 즉 '치료하는 여호와'라는 뜻입니다(출 15:25~26). 생명의 주 예수님은 우리의 병을 짊어지시고(마 8:17) 영혼을 치료하십니다.

6) 여호와 닛시

아말렉과의 전쟁에서 승리하고 '여호와 닛시'란 제단을 쌓으니 '여호와는 나의 승리'라는 뜻입니다(출 17:15, 사 11:10).

7) 여호와 샬롬

기드온이 미디안과 싸우기 전에 하나님의 부름을 받고 '여호와 샬롬'이라는 제단을 쌓으니 '여호와는 나의 평강'이란 뜻입니다(삿 6:24).

8) 여호와 트시케누

'여호와는 우리의 의'라는 뜻으로 의로우신 하나님이란 뜻입니다(겔 33:16, 렘 23:6).

9) 여호와 삼마

에스겔이 예루살렘 새 성전에 여호와가 계신다는 계시를 보았습니다. '여호와 삼마'란 '거기 계시는 여호와 하나님'이라는 뜻입니다(겔 48:35, 요 15:10, 마 28:20).

10) 여호와 로이

'여호와는 나의 목자'라는 뜻으로 하나님은 우리를 푸른 초장 잔잔한 시냇가로 인도하시는 목자입니다(시 23:1, 요 10:19).

11) 아도나이 – '재판하다'라는 뜻입니다(시 7:11).

12) 엘 욘 – '올라가다'라는 뜻입니다(사 40:31).

13) 체바오트 – '만군의'라는 뜻입니다(사 44:6).

14) 임마누엘 – '하나님이 우리와 함께 계시다.'라는 뜻입니다(사 8:8).

(2) 신약에서의 하나님 명칭

1) 데오스(하나님)

'지극히 높으신 분'이라는 뜻으로 사용합니다(요 1:1).

2) 퀴리오스(주)

'왕의 권세와 권위를 가지신 분으로서의 하나님'을 의미합니다(계 1:8, 2:8, 21:6, 22:13).

3) 파테르(아버지)

하나님은 우리들의 아버지가 되시고 우리는 하나님의 자녀로 하나님을 아버지라고 부르는 특권을 받았습니다(신 32:6, 시 103:13, 사 63:16, 렘 3:4, 말 1:6, 2:10).

삼위일체 하나님은 유일신 하나님이십니다(고후 13:13). 우리가 믿는 하나님은 아버지와 아들과 성령이라는 삼위 인격을 갖추신 하나님이시며, 이 삼위는 한 하나님이시며 본체도 하나요 권능과 영광도 동등하신 분입니다. 우리는 삼위일체 되시는 구원의 하나님을 굳게 믿어야 하겠습니다.

11 구원의 길 예수 그리스도

(Jesus Christ, the way of salvation)

성경 : 요 14:6~10
찬송 : 95장, 93장

모스크바 붉은 광장에서 공산주의의 실천자였던 레닌의 시체를
포르마린으로 처리해 유리관 속에 넣어 많은 사람들에게 공개했습
니다. 유리관에는 "그는 모든 나라 인민의 지도자였다. 그는 새로
운 인간의 주였다."라고 씌어 있었습니다.

그런데 자세히 보면 그 문장은 과거형으로 되어 있습니다. 레닌은 한때 볼셰비키 운동의 리더였지만 그것은 과거의 일일뿐 그는 현재의 지도자는 아닙니다. 그러나 구원의 길이 되신 예수 그리스도는 "내가 곧 길이요 진리요 생명이다."라고 하셨습니다. 이 말씀은 현재형으로 되어 있습니다. 예수님은 항상 살아계셔서 우리의 과거, 현재, 미래의 영원한 구주가 되십니다.

예수 그리스도께서 이 세상에 오시기 전을 B.C.라고 하고 이후를 A.D.라고 합니다. 예수님의 탄생이 역사의 전환점이 되었습니다. 기원전은 예수 그리스도가 태어나기 전입니다(B.C.–Before Christ, years before the birth of Christ). 서력 기원 서기는 예수께서 태어나신 후입니다(A.D.–Anno Domini in the year of the Lord, years after the birth of Jesus).

1. 예수 그리스도는 누구입니까?

(1) 예수 그리스도의 탄생

> 주께서 친히 징조로 너희에게 주실 것이라 보라 처녀가 잉태하여 아들을 낳을 것이요 그 이름을 임마누엘이라 하리라 (사 7:14).

예수는 성령으로 잉태되어 동정녀 마리아에게서 탄생하셨고(마 1:18, 21), 예수 그리스도는 하나님의 아들이시며(마 16:16, 요 3:16~17), 사람의 몸을 입고 탄생하셨습니다(요 1:4, 10:30). 예수님은 완전한 하나님이시며 완전한 사람으로서(빌 2:6~11) 죄와(히 9:12) 사망과(롬 6:23) 마귀로부터 우리를 구원하시기 위해서 탄생하셨습니다.

로마 황제 가이사 아우구스도가 통치하던 시대에 예수 그리스도는 로마의 식민지였던 유대 나라의 가난한 목수 집안에서 태어나셨으며 헤롯 왕이 예수님을 죽이려고 했기 때문에 태어나자마자 애굽으로 피난을 가야 했습니다.

(2) 예수 그리스도의 생애

예수 그리스도는 33세로 일생을 마치셨는데 그 중 30년 동안은 아버지 요셉의 목수 일을 도왔고 어머니 마리아의 가사를 도우면서 살았습니다. 3년 반 공생애 동안에 세례 요한에게 세례를 받으시고, 40일간 금식기도를 하셨고, 마귀의 시험을 받고 물리치셨으며(마 4:1~10), 계속 전도하셨습니다(막 16:15, 눅 19:40).

예수 그리스도는 배고픔과 목마름을 당하셨고(막 11:12), 친구도 있었고(막 1:16), 사랑과 기쁨과 분노의 경험도 하셨습니다(막 11:15). 예수 그리스도는 수많은 병자들을 고쳐 주셨고(막 5:29), 폭풍을 잔잔케 하셨고 보리떡 다섯 개와 물고기 두 마리로 오천 명을 먹이시는 기적도 행하셨습니다.

예수 그리스도는 귀신들린 자를 고쳐 주셨고(막 9:27), 죽었던 나사로도 살려 주셨으며(요 11:44), 변화산에서 천국의 모형을 보여 주셨고(마 17:1~8), 마지막 예루살렘에 입성하셔서 인류의 죄를 담당하시고 십자가에서 돌아가셨습니다(마 27:45~61). 예수 그리스도의 전 생애는 인류를 위한 생애였습니다.

(3) 예수 그리스도의 죽음과 부활(막 11:15~18)

예수 그리스도는 평화의 상징인 나귀를 타시고 예루살렘에 입성하셔서 성전에서 장사하는 사람들을 내쫓으시면서 '만민의 기도하는 집'을 강도의 소굴로 만들었다고 책망하셨습니다. 그리고 유월절 어린 양의 죽음이 예수 그리스도 자신의 십자가 죽음의 예표임을 상징적으로 보여 주는 최후의 만찬을 베풀어 주셨습니다.

> 저희가 먹을 때에 예수께서 떡을 가지사 축복하시고 떼어 제자들에게 주시며 가라사대 받으라 이것이 내 몸이니라 하시고 또 잔을 가지사 사례하시고 저희에게 주시니 다 이를 마시매 가라사대 이것은 많은 사람을 위하여 흘리는 바 나의 피 곧 언약의 피니라 (막 14:22~24).

예수 그리스도는 서기관, 대제사장, 바리새인과 가룟 유다에 의해 은 30에 팔린바 되셨고, 빌라도의 잘못된 재판을 받으시고 우리의 죄를 대신 지시고 십자가에 못 박혀 돌아가셨습니다. 그리고 3일 만에 부활하셔서 40일 동안 세상에 계시다가 승천하시면서 이 세상에 재림하실 것을 약속하셨습니다.

(4) 예수 그리스도의 교훈

예수 그리스도는 교육, 전도, 치유의 사명을 주시려고 열두 제자를 선택하셨고 제자들을 교육, 훈련시켜서 둘씩 짝지어 보내시고 (막 6:7), 70명의 제자들을 각처에 보내셔서 주의 복음을 전하게 하셨습니다(눅 10:1~9). 예수 그리스도의 가장 중요한 교훈은 "하나님 나라가 너희에게 가까이 왔다."라는 가르침입니다(눅 10:9). 예수 그리스도가 교훈하신 하나님은 살아계신 영적인 하나님이시요 전능하시고 의로우신 하나님, 사랑의 하나님이십니다(마 5~7장). 예수 그리스도의 교훈은 세상 사람들에게 희망을 주셨고, 율법주의를 넘어서 복음을 주셨고 죄를 이기고 바른 길로 가는 법을 가르쳐 주셨고 사람을 사랑하되 진심으로 사랑하는 법을 가르쳐 주셨습니다.

> 새 계명을 너희에게 주노니 서로 사랑하라 내가 너희를 사랑한 것같이 너희도 서로 사랑하라 너희가 서로 사랑하면 이로써 모든 사람이 너희가 내 제자인 줄 알리라 (요 13:34~35).

음악가 헨델(G. F. Handel)은 젊었을 때 집이 가난해 빚을 지고 감옥에 갈 뻔했고, 영양 부족으로 하반신 마비가 될 지경에 이른 적도 있었습니다. 그러한 역경을 극복하고 훌륭한 작품을 작곡했기 때문에 그의 음악을 들을 때마다 삶이 풍요로워지는 것을 느낄 수 있습니다.

베토벤(L. van Beethoven)은 귀가 전혀 들리지 않아 손으로 건반을 치면서 진동을 느끼며 작곡을 했는데 그것이 바로 교향곡 제9번 '합창'입니다. 그 곡을 지휘했을 때 곡이 끝나고 관중들의 열렬한 박수가 있었으나 베토벤은 들을 수 없었고 한 대원의 손에 이끌려 관중들을 보고서야 감격의 인사를 했습니다. 그가 남긴 '합창'은 매년 연말 송구영신을 상징하는 음악으로 울려 퍼지고 있습니다.

그들은 모두 예수 그리스도의 진리와 구속의 은혜와 사랑을 맛
보았고, 물질적 풍요가 아니라 정신적 영적 풍요를 누리며 자신들
이 누렸던 풍성한 은혜를 수많은 사람들에게 나누어 주었습니다.

2. 예수 그리스도의 이름의 뜻과 직분은 무엇입니까?

(1) 예수 그리스도의 이름의 뜻

예수란 이름은 '자기 백성을 저희 죄에서 구원할 자'란 뜻입니다
(마 1:21). 메시아(Messiah)는 히브리어로 '기름 부음을 받은 자'라는
뜻으로 헬라어로는 그리스도(Christ)입니다(마 1:16).

예수 그리스도에 대해서 제자 베드로는 '살아계신 하나님의 아
들'이라고 밝혔고(마 16:16), 예수 그리스도는 자신에 대해서 '인자'
즉, '사람의 아들'이라는 호칭을 복음서에서 70여 회나 사용하셨
습니다. 인자라는 호칭은 예수 그리스도의 신성과 인성을 동시에
포함하는 말입니다.

> 내가 또 밤 이상 중에 보았는데 인자 같은 이가 하늘 구름을 타고 와서
> 옛적부터 항상 계신 자에게 나아와 그 앞에 인도되매 (단 7:13).

초대교회는 예수 그리스도를 '주'라고 불러서 하나님과 예수님
을 동일하게 여겼습니다.

(2) 참 하나님과 참 사람이 되시는 예수 그리스도

> 너희 안에 이 마음을 품으라 곧 그리스도 예수의 마음이니 그는 근본 하나님의 본체시나 하나님과 동등됨을 취할 것으로 여기지 아니하시고 오히려 자기를 비어 종의 형체를 가져 사람들과 같이 되었고 (빌 2:5~7).

예수 그리스도는 참 하나님이요 참 사람이라고 믿는 것이 기독교의 교리입니다. 인간을 죄에서 구원하시는 사역은 참 하나님이시며, 죄 없는 참사람이신 분이라야 가능합니다. 예수 그리스도께서 성육신하심은 하나님께서 인간의 몸을 입으시고 이 땅에 오심을 의미합니다. 그리스도는 신인(神人) 양성(兩性)을 지니신 분으로 인간을 죄에서 구원하시려고 하나님께서 죄 없는 인간의 몸을 입으시고 이 땅에 오신 참 하나님이시요 참사람입니다.

> 말씀이 육신이 되어 우리 가운데 거하시매 우리가 그 영광을 보니 아버지의 독생자의 영광이요 은혜와 진리가 충만하더라 (요 1:14).

(3) 인간의 구세주(救世主)가 되시는 예수 그리스도

구약성경은 최초의 인간인 아담이 범죄함으로 죄가 이 세상에 들어왔다고 증거하고 있습니다. 이로 인해 하나님과 인간 사이에는 죄의 벽이 생겼습니다. 하나님은 인간의 죄의 문제를 해결하는 방법으로 동물의 피를 가지고 희생제사를 드리도록 함으로써 인간이 죄의 신분에서 벗어날 수 있도록 했습니다.

제사의 종류로는

① 번제 (Burnt offering)
② 소제 (Meat offering)
③ 화목제 (Peace offering)
④ 속죄제 (The sin offering)
⑤ 속건제 (Transgress offering),
⑥ 위임제 (Consecration offering)가 있습니다.

이는 번제와 소제와 속죄제와 속건제와 위임제와 화목제의 규례라 (레 7:37).

그러나 짐승의 피로는 궁극적인 죄를 해결할 수 없었습니다. 그래서 죄 없으신 예수 그리스도께서 인간의 죄를 짊어지시고 십자가에서 죽으신 것입니다. 이 대속의 죽음으로 인간들의 죄가 사해지고, 이를 믿는 자는 구원을 받음으로써 예수 그리스도는 인류의 구세주가 되셨습니다.

(4) 예수 그리스도의 직분

1) 예언의 직무(The prophetic office)

옛적에 선지자들로 여러 부분과 여러 모양으로 우리 조상들에게 말씀하신 하나님이 이 모든 날 마지막에 아들로 우리에게 말씀하셨으니 (히 1:1~2).

예언자는 하나님의 말씀을 인간에게 전달하는 사명을 가진 자인데 예수 그리스도는 하나님의 마음을 인간에게 완전히 알려 주셨습니다.

2) 대제사장의 직무(The priestly office)

제사장은 하나님과 백성들을 만나게 하는 중보자의 역할을 하였으며, 구약성경에서의 대제사장은 속죄의 날에 양의 피를 가지고 지성소에 들어가 하나님 앞에 그 피를 부었습니다. 예수 그리스도는 하나님과 우리 인간 사이에서 대제사장의 중보자 역할을 하심으로 하나님과 인간이 화해하도록 해주셨습니다.

> 하나님이 죄를 알지도 못하신 자로 우리를 대신하여 죄를 삼으신 것은 우리로 하여금 저의 안에서 하나님의 의가 되게 하려 하심이니라 (고후 5:21).

3) 왕의 직무(The kingly office)

예수 그리스도는 천지의 주인이시며 만왕의 왕이시므로 우주 만물과 인간을 다스리시며 보호하시고 모든 원수를 막는 왕의 직무를 행하십니다. 예수 그리스도는 영원한 하늘나라에 들어가도록 우리를 인도해 주십니다.

> 저가 모든 원수를 그 발 아래 둘 때까지 불가불 왕 노릇 하시리니 (고전 15:25).

3. 예수 그리스도의 성품과 세상에 오신 목적은 무엇입니까?

(1) 예수 그리스도의 성품

예수 그리스도는 세상 사람들을 끝까지 사랑하셨습니다.

> 유월절 전에 예수께서 자기가 세상을 떠나 아버지께로 돌아가실 때가
> 이른 줄 아시고 세상에 있는 자기 사람들을 사랑하시되 끝까지 사랑하
> 시니라 (요 13:1).

예수 그리스도는 인간의 영혼을 사랑하셨습니다.

> 이 네 동생은 죽었다가 살았으며 내가 잃었다가 얻었기로 우리가 즐거
> 워하고 기뻐하는 것이 마땅하다 하니라 (눅 15:32).

예수 그리스도는 기도로 일생을 보내셨고(히 5:7), 온유하고 겸손
하셨습니다.

> 나는 마음이 온유하고 겸손하니 나의 멍에를 메고 내게 배우라 (마
> 11:29).

우리는 예수 그리스도의 성품을 배워야 하겠습니다.

(2) 예수 그리스도가 세상에 오신 목적

예수 그리스도는 세상 모든 사람을 죄에서 구원하기 위해서 오셨습니다.

> 내가 의인을 부르러 온 것이 아니요 죄인을 불러 회개시키러 왔노라 (눅 5:32).

예수 그리스도는 율법에 얽매여 죄와 싸우고 있는 사람들을 완전케 하려고 오셨으며(마 5:17), 이 세상 모든 사람의 죄를 대신 담당하시고(마 20:28) 십자가에 달려 돌아가심으로 누구든지 예수 그리스도를 믿으면 멸망치 않고 영생을 얻게 하기 위해서 오셨습니다.

> 내가 하늘로서 내려온 것은 내 뜻을 행하려 함이 아니요 (요 6:38).

(3) 예수 그리스도는 영원한 승리자

하나님의 아들 예수 그리스도는 인간을 파괴하는 죽음을 이기심으로 영원한 승리자가 되셨습니다(고전 15:56~57). 승리의 주가 되시는 예수 그리스도를 모신 우리도 승리하는 삶을 살아야 하겠습니다.

12 구원의 안내자 되신 성령님

(Holy Spirit, guide of salvation)

성경 : 요 14:16~17
찬송 : 182장, 185장

1798년, 오스트리아의 작곡가 하이든(Franz J. Haydn)의 오라토
리오 '천지창조'의 발표회가 있었습니다. 그 연주회장에는 하이든
도 참석했는데, 연주가 모두 끝난 후 사회자는 이 곡을 작곡한 하이
든 선생이 이 자리에 참석했다고 소개하자 모든 청중은 일제히 자

리에서 일어나서 하이든에게 우레와 같은 박수갈채를 보냈습니다.

그때에 하이든은 하늘을 우러러 보면서 이렇게 말했습니다.

"이 작품은 나에게서 온 것이 아니라 하나님께로부터 온 것입니다."

모든 영광을 하나님께 돌리는 깊은 신앙이 대작을 작곡할 수 있게 한 영감의 근원이 되었던 것입니다.

모든 예술 활동은 창조 행위입니다. 창조는 하나님의 능력으로만 이루어질 수 있습니다. 우리는 성령님과 함께할 때에 성령님의 도움을 받아 새로운 것들을 창조할 수 있는 것입니다.

이 세상에는 물질의 세계와 영의 세계가 있다고 사람들은 믿어 왔습니다. 성경에는 삼위일체 되시는 성부, 성자, 성령 이외에는 다른 신이 없다고 하셨습니다. 본 제2과에서는 성령의 역사와 성령의 은사와 성령이 우리의 삶에 어떠한 영향을 주는지 알아보고자 합니다.

1. 성령님은 누구십니까?

성령님은 하나님이시며(행 5:3~4), 성삼위(聖三位) 가운데 제삼위이신 성령님께서는 영광과 능력과 존귀에 있어서 성부 하나님, 성자 하나님과 동일하신 분입니다. 성령님은 하나님의 영이요 그리스도의 영으로서 지식, 감정, 의지, 사랑의 인격체를 지니신 분입니다.

(1) 거룩한 영이신 성령님

그리스도의 영(Spirit), 하나님의 영, 성령(The Holy Spirit)이라는 용어는 히브리어의 '루아흐(רוח)' 헬라어 '프뉴마(πνεῦμα)'로 '하나님의 영' '주의 영' '아버지의 영' '약속의 영(보혜사)' 등으로 나타나 있으며 몇 가지 뜻을 가지고 있습니다.

1) 바람이라는 뜻

나의 기운이 쇠하였으며 나의 날이 다하였고 무덤이 나를 위하여 예비되었구나 (욥 17:1).

바람은 생명과 힘을 상징하므로 성령님은 생명, 힘, 능력입니다.

2) 호흡이라는 뜻

여호와 하나님이 흙으로 사람을 지으시고 생기를 그 코에 불어 넣으시니 사람이 생령이 된지라 (창 2:7).

성령님은 생기, 호흡, 생명력을 가진 실재입니다(요 20:22).

3) 영(靈)이란 뜻

평강의 하나님이 친히 너희로 온전히 거룩하게 하시고 또 너희 온 영과 혼과 몸이 우리 주 예수 그리스도 강림하실 때에 흠 없게 보전되기를 원하노라 (살전 5:23).

4) 정신이란 뜻

여호와의 신이 사울에게서 떠나고 여호와의 부리신 악신이 그를 번뇌케 한지라 (삼상 16:14).

성령님은 악령과 구별되며 거룩한 영으로 역사하십니다.

5) 보혜사라는 뜻

파라클레토스(παράκλητος), 즉 보혜사 성령은 '곁에 내가 부르다'라는 뜻으로 자기 힘으로 해결할 수 없는 일을 해결해 주는 위로자입니다(요 15:26).

(2) 하나님이신 성령님

하나님께서 영원하신 것처럼 성령님도 영원하십니다(히 9:14, 창 1:2, 욥 26:13). 성령님은 무소부재(無所不在)하십니다(시 139:7~10). 성령님은 절대적인 권능이 있습니다(고전 2:10, 요 16:13). 하나님이 하시는 일을 성령님도 하시기 때문에 성령님을 하나님이라고 합니다(행 5:3~4).

(3) 인격적인 신(神)이신 성령님

성령님은 모든 것을 통달하시는 지성이 있으며(요 16:13), 성령님은 사랑하고 근심하는 감정을 가지셨으며(행 4:3, 롬 8:26, 15:30, 엡 4:30), 성령님은 의지의 영이십니다(고전 12:11, 요 16:7).

2. 성령님은 어떠한 성도에게 충만히 임합니까?

성령으로 충만(充滿)한 삶이란 항상 성령님의 통제를 받는 것을 의미하며, 이 말은 성령님께서 우리 인생의 핸들을 잡고 계시며, 그분의 뜻이 바로 우리의 소원하는 바가 됨을 의미합니다. 성령님이 우리에게 임하신 것은 우리와 항상 함께하시기 위함이고, 우리를 가르치시기 위함이며, 우리를 인도하시기 위함입니다.

사도행전 2장의 성령님이 충만히 임하는 모습을 보면 급하고 강한 바람 같은 소리로 임하셨으며, 불의 혀같이 임하셨고, 하늘로부터 갑자기 임하셨습니다. 성령으로 충만해진 성도들은 예수 그리스도의 증인이 되며 사람을 변화시키며 이웃을 위해 봉사하는 삶을 살게 됩니다(행 1:8, 2:44~45).

어떤 성도에게 성령님이 충만히 임하는지 살펴보겠습니다.

(1) 죄 사함 받은 성도

베드로가 가로되 너희가 회개하여 각각 예수 그리스도의 이름으로 세례를 받고 죄 사함을 얻으라 (행 2:38).

성령님의 충만한 역사가 내 마음에서 나타나지 않는 것은 하나
님과 나 사이에 죄악의 담이 가로놓여 있기 때문입니다. 예수 그리
스도의 이름으로 죄악 된 우리의 과거가 청산되고 죄 사함을 받아
온전히 새로운 사람으로 거듭나게 되면 성령님의 충만한 역사는
선물로 주어집니다.

(2) 순종하는 성도

> 우리는 이 일에 증인이요 하나님이 자기를 순종하는 사람들에게 주신
> 성령도 그러하니라 하더라 (행 5:32).

예수님은 제자들에게 예루살렘을 떠나지 말고 성령을 기다리라
고 명령하셨습니다. 제자들은 이에 순교를 각오하고 명령에 순종
하다가 성령의 불세례를 받아 세계적인 부흥의 불길을 일으키는
역사적인 사명자들이 되었습니다. 고린도후서 1장 17~19절을 보
면서 예수님 말씀에 "예" 하는 값진 순종으로 하나님께서 약속하신
성령님의 충만한 은혜를 받으시기 바랍니다.

(3) 예수님의 약속을 믿고 기도하는 성도

> 너희가 악할지라도 좋은 것을 자식에게 줄 줄 알거든 하물며 너희 천
> 부께서 구하는 자에게 성령을 주시지 않겠느냐 (눅 11:13).

구하면 주시고 찾으면 만나 주시고 두드리면 열어 주시는 하나
님은 성령님의 충만한 은혜를 구할 때에 반드시 응답해 주실 줄로

믿습니다.

리처드 범브란트는 루마니아 루터교회의 부흥 목사인데 1948년 루마니아 공산주의자들에 의해 14년 동안 감옥에 갇혀 지내게 되었습니다. 그 마지막 3년 동안 빛을 볼 수 없는 독방에서 지내면서도 그는 신앙을 굽히지 않았습니다. 노르웨이에서 10만 달러의 보석금을 지불한 후 범브란트 목사는 석방되어 지금은 미국 캘리포니아에서 공산 사회에 복음을 전하는 큰일을 감당하고 있습니다.

그런데 그가 옥중에서 성경을 읽는 가운데 '두려워 말라'는 말씀을 세어 보니 365개나 되었습니다. 여기서 그는 성령님께서 우리에게 365일 동안 매일같이 두려워하지 말라고 하시며 힘을 주시는 것을 깨달았다고 합니다.

3. 성령님은 무엇으로 상징되어 나타납니까?

(1) 생기로 상징되어 나타나시는 성령님 (창 2:7)

하나님의 생기는 성령님입니다. 봄기운, 여름기운, 가을기운, 겨울기운이 지상의 체질과 환경을 변화시켜 주는 것처럼 생기와 같은 성령의 기운이 우리의 죄와 살과 뼈와 신경 중심 속에 불어올 때 인간이면서도 하나님께 속한 사람, 그리스도의 사람이 되며, 원수 마귀, 죄악, 질병을 이길 수 있는 능력자가 됩니다.

여호와 하나님이 흙으로 사람을 지으시고 생기를 그 코에 불어 넣으시니 사람이 생령이 된지라 (창 2:7).

(2) 비둘기로 상징되어 나타나시는 성령님 (마 3:16)

비둘기는 화평의 상징입니다. 비둘기는 겸손하고 온유하며 정결하여 번제단의 제물이 되기도 합니다. 비둘기로 상징되는 성령님이 중심에 임한 성도는 하나님과 화목하고 사람과 화평하며 물질과 화락의 복을 받게 됩니다.

예수께서 세례를 받으시고 곧 물에서 올라오실새 하늘이 열리고 하나님의 성령이 비둘기같이 내려 자기 위에 임하심을 보시더니 (마 3:16).

1) 평화를 상징합니다.

2) 온유, 겸비를 상징합니다.

3) 정결 무해(無害)함을 상징합니다.

(3) 생수로 상징되어 나타나시는 성령님 (요 4:14)

생수로 상징되는 성령님이 내 마음에 역사하시기 전에는 가는 곳마다 목마름뿐이었으나 성령님이 역사하신 후부터는 영혼에서부터 솟구치는 생명의 기쁨 속에서 참 만족을 누리게 됩니다. 생수로 상징되는 성령님이 중심에 임할 때 찬송, 감사, 전도, 충성이

저절로 이루어지며 쓰라린 장애물은 깨끗이 사라집니다.

> 내가 주는 물을 먹는 자는 영원히 목마르지 아니하리니 나의 주는 물
> 은 그 속에서 영생하도록 솟아나는 샘물이 되리라 (요 4:14).

1) 물은 생명 유지를 위해 꼭 필요한 물질입니다.

2) 물은 몸과 생활환경을 정결하게 합니다(요 7:37~38).

(4) 불로 상징되어 나타나시는 성령님 (출 3:2, 행 2:3)

불은 어두움을 정복하며 생명과 의욕과 부흥을 상징합니다. 출
애굽한 이스라엘 백성들은 불기둥, 구름기둥으로 보호를 받았으
며, 예레미야 선지자는 불 같은 성령님의 임함을 체험했고(렘 20:9),
요한 웨슬레, 무디, 스펄전과 같은 세계적인 부흥사들은 불로 상징
되는 성령님의 역사를 체험한 인물들입니다.

> 여호와의 사자가 떨기나무 불꽃 가운데서 그에게 나타나시니라 그가
> 보니 떨기나무에 불이 붙었으나 사라지지 아니하는지라 (출 3:2).

1) 하나님의 임재를 뜻합니다(출 3장, 왕상 18장, 행 2장).
2) 불은 태웁니다.
3) 불은 밝은 빛을 공급합니다.
4) 불은 뜨거운 열심을 의미합니다.
5) 불은 하늘의 능력을 의미합니다.

(5) 기름으로 상징되어 나타나시는 성령님 (삼상 16:13)

기름은 기계를 잘 돌아가게 합니다. 구약시대에는 왕, 제사장, 선지자에게 기름을 부어 사명자로 삼았으며, 지금도 교회의 중직자에게 기름을 부어 사명을 맡겨 주십니다. 기름은 인화작용을 하며 음식물에 작용하면 건강에 큰 힘이 됩니다. 기름으로 상징되는 성령님을 체험하시기 바랍니다.

사무엘이 기름 뿔을 취하여 그 형제 중에서 그에게 부었더니 이날 이후로 다윗이 여호와의 신에게 크게 감동되니라 (삼상 16:13).

1) 인물을 성별합니다.
2) 성소를 밝힙니다.
3) 윤활유로 파괴를 막습니다.
4) 생명을 유지하게 하는 영양분입니다.

(6) 바람으로 상징되어 나타나시는 성령님 (겔 37:9)

에스겔 골짜기의 해골들에게 바람으로 상징되는 성령님의 기운이 들어갈 때에 해골이 생명으로 변해 하나님의 큰 군대가 되었습니다. 바람은 잡을 수가 있거나 색깔이 있거나 형체가 있는 것은 아니지만 분명히 존재하며 큰 영향력을 발휘합니다.

또 내게 이르시되 인자야 너는 생기를 향하여 대언하라 생기에게 대언하여 이르기를 주 여호와의 말씀에 생기야 사방에서부터 와서 이 사망을 당한 자에게 불어서 살게 하라 하셨다 하라 (겔 37:9).

1) 바람은 지구에 편만히 존재합니다.
2) 끊임없이 움직이는 공기입니다.
3) 바람은 마음대로 조종할 수 없습니다.
4) 바람은 생기 넘치는 대기로 변화시킵니다.

(7) 진동함으로 상징되어 나타나시는 성령님

빌기를 다하매 모인 곳이 진동하더니 무리가 다 성령이 충만하여 담대히 하나님의 말씀을 전하니라 (행 4:31).

사도행전 16장에는 사도 바울과 실라가 감옥에서 찬송하고 기도드릴 때 옥터가 움직이며 매인 것이 풀어졌다고 기록되었고, 이사야 6장에는 이사야 선지자가 기도하는 중에 성전 문지방이 요동했다고 기록되었습니다. 성령님의 세력이 진동으로 나타날 때 악마의 주권은 흔들려 파괴되고, 하나님의 세계가 새롭게 건설되는 것입니다.

여러 가지 상징으로 나타나시는 성령님을 마음속에 모시고 큰일을 이루는 여러분이 되시기를 바랍니다.

(8) 비로 상징되어 나타나시는 성령님 (시 72:6, 약 5:7~8)

1) 비는 열매를 맺게 하며 생명체를 보존하게 합니다.
2) 심령이 땅을 적시는 비에 비유합니다.

(9) 술로 상징되어 나타나시는 성령님 (엡 5:18, 행 2:12)

1) 마음의 흥겨움을 가져옵니다.
2) 슬픔, 근심, 염려를 잊어버리게 합니다.
3) 담력을 갖게 합니다.
4) 용서, 이해, 사랑, 인내하게 합니다.

(10) 인(印)으로 상징되어 나타나시는 성령님 (엡 1:13)

1) 인봉함을 의미합니다.
2) 특별한 소유권을 표시합니다.
3) 인치심은 권위를 상징합니다.
4) 권세 있는 하나님의 성도를 표시합니다.

(11) 보증으로 상징되어 나타나시는 성령님 (고후 1:21~22)

1) 신분을 보증합니다.
2) 계약과 보증금으로 상징됩니다 (천국 보증금—예수님 죄값)

4. 성령님이 주시는 은사와 열매는 무엇입니까?

(1) 성령님이 주시는 은사

그러므로 내가 나의 안수함으로 네 속에 있는 하나님의 은사를 다시 불일듯하게 하기 위하여 너로 생각하게 하노니 (딤후 1:6).

　1) 은사라는 말은 헬라어로 '카리스마(χάρισμα)'라고 하는데 '하나님께서 주시는 선물'이라는 뜻입니다. 하나님께서 성령님을 통해서 주시는 은사는 그 직무가 평범한 것이든 특수한 것이든 간에 그리스도의 몸을 세우기 위해 행하는 직무의 일종입니다.

　하나님이 주시는 은사는 '하나님의 은혜의 선물(God's gifts of grace)'로 표현되고 있습니다. 성령님이 주시는 은사를 나만 받았다고 남용하거나 교만하면 안 됩니다. 그리스도의 십자가를 제쳐두고 은사를 마치 우상처럼 신봉하는 일 또한 삼가고 주의해야 합니다.

　2) 성령님을 통해 주시는 은사는 27가지가 있는데 예언하는 일, 가르치는 일, 권면하는 일, 봉헌하는 일, 지도력, 긍휼, 지혜, 지식, 믿음, 신유, 기적, 화목, 영 분별, 방언, 통변, 사도가 되는 일, 서로 돕는 일, 교회를 치리하는 일, 복음을 전하는 일, 목사가 되는 일, 독신으로 봉사하는 일, 자원하여 궁핍하게 되는 일, 주를 위해 순교하는 일, 남을 대접하는 일, 선교사로 일하는 일, 남을 위해 기도하는 일, 귀신을 쫓아내는 일 등이 성령의 은사들입니다.

(2) 성령님이 주시는 열매

오직 성령의 열매는 사랑과 희락과 화평과 오래 참음과 자비와 양선과 충성과 온유와 절제니 이 같은 것을 금지할 법이 없느니라 (갈 5:22~23).

1) 사랑의 열매 – 용서받았으니 용서해 주어야 합니다.

2) 희락의 열매 – 하나님의 영이 충만히 채워진 기쁨의 삶입니다.

3) 화평의 열매 – 화평의 하나님을 모신 사람은 염려, 분리, 투기, 당 짓는 것, 시기, 질투를 버려야 합니다.

4) 인내의 열매 – 믿음, 소망, 사랑을 가지고 오래 참아야 합니다. 농부의 인내, 순교자의 인내, 욥의 인내(약 5:7~11).

5) 자비의 열매 – 친절한 성품, 자비, 부드러움, 선한 마음입니다.

6) 양선의 열매 – 언행을 조심하고 선한 빛을 내는 삶입니다.

7) 충성의 열매 – 하나님의 말씀을 신뢰하고 충성하는 삶입니다.

8) 온유의 열매 – 부드럽고 따뜻한 마음을 가지는 삶입니다.

9) 절제의 열매 – 자기 자신을 지배하는 자제력입니다.

구원의 안내자가 되시는 성령님을 중심에 모시고 세상에서 승리하며 하나님께 칭찬받는 성도 여러분이 되시기를 바랍니다.

13 구원의 순서와 확신

(The order and conviction of salvation)

성경 : 롬 8:28~30, 마 10:22
찬송 : 518장, 251장

프랑스의 전쟁 영웅 나폴레옹 1세(Napole、on Ⅰ, Bonaparte, 1769~
1821)는 세인트헬레나(Saint Helena) 섬에서 고독한 생애를 마치면서
"나는 무기로 세계를 점령하고자 노력했으나 실패자로 전락했다.
그러나 나사렛 사람 구원주 예수 그리스도는 사랑으로 세계를 정복했다."라고 고백했습니다.

독일 최대의 문호 괴테(Johann Wolfgang von Goethe, 1749~1832)는 "가장 유능한 사람은 부단히 배우는 사람이요, 자기 능력 계발에 힘쓰는 사람이다."라고 했고 "지상에서 인간 최고의 행복은 크고, 너그럽고, 깊고, 굳세고 넓은 인격을 가지는 것이다."라고 했습니다. 괴테는 예수님 앞에 무릎을 꿇었고 이 세상에 큰 영향을 끼친 사람이 되었습니다.

옛날이나 지금이나 미래에도 한 인간 생애의 전환점은 우리를 구원하시기 위해 이 세상에 오신 예수 그리스도 앞에 무릎을 꿇을 때이며, 그때부터 우리는 값진 일생을 살아가게 되는 것입니다.

본문 말씀은 하나님께서 우리를 선택하셔서 불러 주시고 회개하게 하시며 믿음으로 의롭다 칭하여 주시며, 중생케 되어 예수 그리스도와 연합하는 삶을 통해 성화되어 가는 여정을 보여 주고 있습니다. 우리는 구원받은 하나님의 자녀가 되었기 때문에 의심 없이 구원의 확신을 가질 수 있어야 합니다.

1. 구원을 위한 순서

구원받아야 할 아무 가치도 없는 나를 예수 그리스도의 십자가 보혈로써 대속(代贖)해 주신 하나님의 은혜로 하나님의 자녀가 되도록 선택하셨습니다(엡 1:4~6).

(1) 하나님이 우리를 불러 주셨는데 이 부르심을 소명(Calling)이라 합니다.

소명은 인간의 의지나 뜻에 의해 결정되고 주어지는 것이 아닙니다. 그 주권자는 오직 하나님뿐이십니다.

> 피조물이 허무한 데 굴복하는 것은 자기 뜻이 아니요 오직 굴복게 하시는 이로 말미암음이라 (롬 8:20).

하나님께서 우리를 부르신 목적은 바로 우리가 회개하고 예수 그리스도를 믿도록 하는 데 있습니다. 그 놀라운 일을 위해 성령께서 제자들을 통해, 앞서서 예수 그리스도를 구주로 영접한 사람들을 통해 우리를 부르셨습니다. 우리는 하나님의 부르심에 순종하여 회개하며 하나님 앞에 나아와야 합니다(롬 2:4, 마 11:28, 요 3:16, 마 22:9, 신 45:22).

(2) 하나님은 소명을 주신 우리를 중생(Regeneration)으로 거듭나게 하십니다.

사람은 조상 아담의 범죄로 하나님과 교통이 끊어지고 태어날 때부터 영혼이 죽은 자로 태어났지만 예수 그리스도를 통하여 믿음으로 새로운 출생을 하여 하나님의 자녀가 되었고 하나님과의 교제가 가능해졌습니다.

> 예수께서 대답하여 가라사대 진실로 진실로 네게 이르노니 사람이 거듭나지 아니하면 하나님 나라를 볼 수 없느니라 (요 3:3).

중생(거듭남)은 하나님께서 주시는 생명의 영과의 교통이며(요

3:5) 새 품성과 마음의 부요(벧후 1:4)이고 새로운 피조물의 생산(고후 5:17)입니다. 이 중생은 하나님의 뜻이요(요 1:13), 영적인 새로운 출생입니다. 하나님의 말씀이 중생의 조건이며(엡 5:26), 말씀의 사역자들을 통해 하나님의 중생의 역사가 일어나며, 성령의 역사를 통해 중생한 하나님의 자녀임을 확신할 수 있습니다.

(3) 하나님은 중생한 사람에게 회심(Conversion)의 은혜를 주십니다.

> 저희가 이 말을 듣고 잠잠하여 하나님께 영광을 돌려 가로되 그러면 하나님께서 이방인에게도 생명 얻는 회개를 주셨도다 하니라 (행 11:18).

회심이란 죄를 회개하고 예수 그리스도를 믿음으로, 세상과 짝해서 살던 삶에서 돌이켜 하나님을 향하는 마음의 의식적인 변화요, 모든 죄로부터 예수 그리스도에게로 전환하는 것을 말합니다.

우리들이 하나님을 불러 찾을 때에 하나님은 우리에게 진정한 회개와 믿음을 주십니다. 이 회심에는 지성적인 의미와 감성적인 의미와 결의적(決意的)인 의미가 있습니다(렘 31:18).

(4) 하나님은 회심(回心)한 사람에게 믿음의 은혜를 주십니다.

> 사람이 마음으로 믿어 의에 이르고 입으로 시인하여 구원에 이르느니라 (롬 10:10).

그리스도인은 믿음으로 구원받는다고 성경은 선언합니다(행

16:31, 롬 5:1, 엡 2:8). 죄인이 노력하여 죄 사함을 받고 의인이 된 것이 아니라 오직 믿음 하나만으로 값없이 단번에 의인의 신분을 얻는다고 말씀하고 있습니다(롬 3:28).

믿음으로 성령을 받고, 믿음으로 깨끗해지고, 믿음으로 나음을 입는다고 했습니다. 믿음이 없이는 하나님을 기쁘시게 할 수 없다고 했고, 불신앙을 큰 죄로 간주하셨습니다(요 16:9). 믿음은 소망과 사랑을 일으키며 구원의 길을 열어 주는 유일한 길입니다. 믿음은 회심과 불가분의 관계가 있으며 믿음은 영혼이 죄로부터 돌아서서 하나님께로 향하는 것을 말하며 지성적, 감정적, 의지적 변화를 포함합니다.

빌 브라이트(B. Bright)의 글 가운데 이런 일화가 있습니다.

한 젊은이가 공장에서 일하던 중에 몰래 기계를 훔쳤는데 기도할 때마다 훔쳐낸 기계가 나타나 기도를 방해한다는 것이었습니다. 빌 브라이트는 그 기계의 주인을 찾아가서 예전의 죄를 고백하고 기계 값을 변상해 줄 것을 제안했습니다. 그 동안 그 젊은이는 돈도 없을 뿐만 아니라 그 주인이 감옥에 보낼 것 같아 죄를 고백하는 것을 두려워하고 있었습니다. 그런데 성령께서 죄를 깨닫게 하시고 하나님이 도우시리라는 믿음을 주시자, 다음날 주인에게 찾아가서 기계를 훔친 사실을 고백하고 매월 월급에서 공제해 달라고 했습니다. 그때 이 젊은이는 성령 충만함과 더불어, 자신의 마음속에 하나님께 대한 찬양이 가득 차 있음을 체험했습니다.

회개하는 믿음이 있기 전에는 성령께서 역사하실 수 없습니다. 회개하는 믿음으로 살면 항상 성령 충만한 마음으로 살아갈 수 있습니다.

(5) 하나님은 믿음으로 구원받은 사람을 의롭다(Justification)고 인정하십니다.

> 너희가 그 은혜를 인하여 믿음으로 말미암아 구원을 얻었나니 이것이 너희에게서 난 것이 아니요 하나님의 선물이라 (엡 2:8).

칭의(Justification)는 예수 그리스도를 믿는 사람을 의롭다고 인정하시는 하나님의 선물입니다. 우리가 예수님을 알지 못할 때는 죄인이요 하나님의 형벌을 피할 수 없었지만, 예수 그리스도를 나의 구주로 영접하고 그리스도의 의를 내 마음속에 받아들임으로 우리의 모든 죄를 용서받고 의인으로 인정받는 것은 하나님의 은혜의 선물입니다(롬 3:22~24).

(6) 하나님은 의롭다고 인정받은 사람에게 양자(An adopted son)의 복을 주십니다.

> 너희가 아들인 고로 하나님이 그 아들의 영을 우리 마음 가운데 보내사 아바 아버지라 부르게 하셨느니라 (갈 4:6).

양자가 되었다 함은 죄인이 예수 그리스도를 믿음으로 의롭다 함을 받고 율법에서 해방되어 장성한 아들의 지위에 올라가게 된다는 하나님의 언약을 의미합니다.

양자 된 우리에게는 하나님의 훈련(discipline)이 시작되는데 세상에서 당하는 수난, 책망, 권면, 승리, 기쁨, 위로 등입니다. 성령의 권면과 지도는 모두 수양된 자녀로 하나님 앞에 설 수 있도록 하기 위해 충분히 훈련시키시는 과정입니다.

(7) 하나님은 양자로 세운 사람에게 성화(Sanctification)되어지는 삶을 살아가게 하십니다.

> 그런즉 사랑하는 자들아 이 약속을 가진 우리가 하나님을 두려워하는 가운데서 거룩함을 온전히 이루어 육과 영의 온갖 더러운 것에서 자신을 깨끗게 하자 (고후 7:1).

성화되어지는 삶이란 죄로부터 떠나 하나님의 자녀 된 우리가 날마다 하나님의 뜻을 실현함으로 성별된 삶을 사는 것을 말합니다. 그리스도인을 세속에서 분리하여 하나님께 바치는 것이요, 그리스도인은 정결하며 그리스도의 형상을 따라 하나님께로 향한 성별된 삶을 살게 됩니다(갈 5:22~23, 고후 3:18, 고전 1:30).

(8) 하나님은 성화된 삶을 사는 사람에게 성도의 견인(Perseverance of a saint)을 주십니다.

> 우리가 아직 죄인 되었을 때에 그리스도께서 우리를 위하여 죽으심으로 하나님께서 우리에게 대한 자기의 사랑을 확증하셨느니라 (롬 5:8).

성도의 견인(堅忍)이라는 말은 진리 안에서 끝까지 견디는 견인의 교리로서, 믿음으로 그리스도와 연합되고 하나님의 은혜로 의롭다 하심을 입고 성령으로 중생한 사람은 은혜의 자리에서 떨어

져 나가지 않고 끝까지 견디어 낼 수 있다는 것을 성도의 견인이라고 합니다.

성도의 견인은 그리스도의 중보 사역으로 영속적인 축복이요, 하나님의 능력이요, 그리스도인의 변화된 생활을 의미합니다(빌 1:6, 고후 5:17, 요 3:14).

(9) 하나님은 성도의 견인이 된 사람은 영화로운(Glorification) 세계에 들어가게 하십니다.

그가 만물을 자기에게 복종케 하실 수 있는 자의 역사로 우리의 낮은 몸을 자기 영광의 몸의 형체와 같이 변케 하시리라 (빌 3:21).

성도가 영화로운 세계에 들어가게 되는 것은 구원 순서 전 과정의 완성입니다. 이 세상에서 우리의 삶이 완전할 수가 없기 때문에 마지막 날에 예수 그리스도께서 재림하심으로 그리스도의 형상과 완전히 하나가 되어질 때 우리의 몸과 영혼은 영화롭게 되어지며, 궁극적으로 죄의 문제로부터 벗어나 완전한 구원을 받은 최종적인 영화를 이루어 영원한 천국에 이르는 복을 받게 되는 것입니다(고후 5:8, 히 12:23, 빌 1:23, 고전 15:54).

2. 구원의 확신

교회는 십 수 년 다녔어도 구원을 받았는지에 대해 확신을 갖지 못하는 이유가 무엇입니까? 교회에 처음 나와서 구원이 무엇인지 잘 알지 못하는 사람에게도 구원의 확신이 필요합니다.

(1) 구원의 확신을 가질 수 있는 사람은 어떤 사람입니까?

> 하나님이 세상을 이처럼 사랑하사 독생자를 주셨으니 이는 저를 믿는 자마다 멸망치 않고 영생을 얻게 하려 하심이니라 (요 3:16).

누구든지 회개하고 예수 그리스도를 나의 구주로 영접하고 예수 그리스도의 부활과 심판을 믿기만 하면 구원의 확신을 가진 사람이요 예수 그리스도께서 내 죄를 대신해서 돌아가심으로 내 죄가 용서함을 받았다는 사실을 믿으면 이미 구원을 받아 하나님의 자녀가 된 것입니다.

(2) 구원의 확신에 대한 성경적 증거입니다.

> 아버지께서 죽은 자들을 일으켜 살리심같이 아들도 자기의 원하는 자들을 살리느니라 (요 5:21).

구원은 감정이나 기분에 따라 좌우되는 것이 아니요 성령께서 친히 우리가 하나님의 자녀가 된 것을 깨닫게 해주십니다(고전 2:12).

내가 하나님의 자녀가 되었다는 확신을 갖게 되는 것은 하나님의 선물입니다.

내가 하나님의 아들의 이름을 믿는 너희에게 이것을 쓴 것은 너희로 하여금 너희에게 영생이 있음을 알게 하려 함이라 (요일 5:13).

너희가 아들인 고로 하나님이 그 아들의 영을 우리 마음 가운데 보내사 아바 아버지라 부르게 하셨느니라 (갈 4:6).

구원의 확신은 변화된 모습을 나타내며, 말씀 순종을 실천함으로 구원받은 증거를 나타내는 것입니다(히 5:9).

(3) 구원의 확신을 가지는데 방해되는 것이 있습니다.

교회는 다닌다고 해도 하나님의 말씀이 믿어지지 아니하면 하나님께 믿을 수 있게 해달라고 기도해야 하며, 영적인 나태함으로 구원의 확신을 갖지 못할 때는 죄를 회개하고 죄 사함 받도록 간절히 기도하면 성령께서 도와주실 것입니다.

만일 우리가 우리 죄를 자백하면 저는 미쁘시고 의로우사 우리 죄를 사하시며 모든 불의에서 우리를 깨끗게 하실 것이요 (요일 1:9).

(4) 하나님께서 우리를 구원하신 이유가 있습니다.

하나님의 백성으로 삼고(딛 2:14), 의롭게 하심으로 하나님의 나라에 들어가게 하기 위함입니다(롬 3:24). 하나님이 우리를 멸망의 자식으로 심판을 받도록 버려두지 않으시고 주 예수 그리스도를 믿음으로 변화된 삶을 살게 하심은 값없이 주신 믿음의 선물입니다(딤전 2:4, 벧후 3:9).

　하나님께서 우리를 구원하시기 위해서 구원의 순서대로, 즉 소명(召命), 중생(重生), 회심(回心), 신앙(信仰), 수양(修養), 성화(聖化), 성도의 견인(堅忍), 영화(榮華)로운 세계에 들어가게 하시려고 구원의 확신을 주셨습니다. 우리가 하나님의 자녀 된 것을 하나님께 감사하면서 살아가야 하겠습니다.

한 상 휘 목사
Rev. Dr. Han Sang Hwi

약력
장로회신학대학교
아세아연합신학대학교 대학원 선교학 석사
장로회신학대학 대학원
맥코믹신학대학 대학원 목회학 박사
(McCormick Theological Seminary)
구로구 교회연합회 회장
현 영등포노회 노회장
현 신성교회 위임목사

저서
구약성경 강해 (전 8권 창세기~말라기)
신약선경 강해 (전 2권 마태복음~요한계시록)
교회 시작부터 천국까지 (성경공부 교재 전 4권)
교회 시작부터 천국까지 (새가족 교재)
일생을 바꾼 40일 금식기도